여러분의 합격을 응원하는
해커스공무원의 특별 혜택

FREE 공무원 영어 특강

해커스공무원(gosi.Hackers.com) 접속 후 로그인 ▶ 상단의 [무료강좌] 클릭하여 이용

해커스공무원 온라인 단과강의 **20% 할인쿠폰**

FF986B7E5776E4W6

해커스공무원(gosi.Hackers.com) 접속 후 로그인 ▶ 상단의 [나의 강의실] 클릭 ▶
좌측의 [쿠폰등록] 클릭 ▶ 위 쿠폰번호 입력 후 이용

* 등록 후 7일간 사용 가능(ID당 1회에 한해 등록 가능)

공무원 보카 어플 이용권

GOSIVOCAFREE200

구글 플레이스토어/애플 앱스토어에서 [해커스공무원 기출보카]검색 ▶
어플 설치 후 실행 ▶ [인증코드 입력하기] 클릭 ▶ 위 인증코드 입력 후 이용

* 등록 후 30일간 사용 가능(ID당 1회에 한해 등록 가능)
* 해당 자료는 [해커스공무원 기출 보카 3000+] 교재 내용으로 제공되는 자료로, 공무원 시험 대비에 도움이 되는 유용한 자료입니다.

합격예측 **온라인 모의고사 응시권 + 해설강의 수강권**

D76485CAB8976MP2

해커스공무원(gosi.Hackers.com) 접속 후 로그인 ▶ 상단의 [나의 강의실] 클릭 ▶
좌측의 [쿠폰등록] 클릭 ▶ 위 쿠폰번호 입력 후 이용

* ID당 1회에 한해 등록 가능

단어시험지 자동제작 프로그램

해커스공무원(gosi.Hackers.com) 접속 후 로그인 ▶ 상단의 [수험 정보] 클릭 ▶ 좌측의 [단어시험지 생성기] 클릭하여 이용

쿠폰 이용 관련 문의 **1588-4055**

단기 합격을 위한 해커스공무원 커리큘럼

입문
탄탄한 기본기와 핵심 개념 완성!
누구나 이해하기 쉬운 개념 설명과 풍부한 예시로 부담없이 쌩기초 다지기
TIP 베이스가 있다면 **기본 단계**부터!

기본+심화
필수 개념 학습으로 이론 완성!
반드시 알아야 할 기본 개념과 문제풀이 전략을 학습하고
심화 개념 학습으로 고득점을 우 한 응용력 다지기

기출+예상 문제풀이
문제풀이로 집중 학습하고 실력 업그레이드!
기출문제의 유형과 출제 의도를 이해하고 최신 출제 경향을 반영한
예상문제를 풀어보며 본인의 추 약영역을 파악 및 보완하기

동형모의고사
동형모의고사로 실전력 강화!
실제 시험과 같은 형태의 실전모의고사를 풀어보며 실전감각 극대화

마무리
시험 직전 실전 시뮬레이션!
각 과목별 시험에 출제되는 내용들을 최종 점검하며 실전 완성

PASS

* 커리큘럼 및 세부 일정은 상이할 수 있으며, 자세한 사항은 해커스공무원 사이트에서 확인하세요.

단계별 교재 확인 및 수강신청은 여기서!
gosi.Hackers.com

공무원 영어
합격 가이드

매년 치열해지는 공무원 시험 경쟁에서 영어가 합격의 당락을 좌우하고 있습니다. 공무원 영어 시험에서 고득점을 달성할 수 있도록, <해커스공무원 영어 적중 어휘& 생활영어 200제>는 공무원 시험에 반드시 나올 출제예상문제와 명쾌하고 상세한 해설을 제공하며, 가장 효율적으로 학습하여 빠르게 합격할 수 있는 전략과 학습 플랜을 제공합니다.

1. 공무원 영어 시험 구성 및 최신 출제 경향
2. 공무원 영어 어휘&생활영어 출제 유형
3. 적중 어휘&생활영어 200제 학습 플랜

공무원 영어 시험 구성 및 최신 출제 경향

1. 시험 구성

공무원 영어 시험은 총 20~25문항으로 구성되며 크게 3개의 영역으로 나눌 수 있습니다-. 공무원 영어 시험의 약 50%를 차지하는 독해 영역과, 나머지 50%를 차지하는 문법 영역, 어휘 영역으로 구분되는데, 어휘 영역의 경우, 세부적으로 어휘, 표현, 생활영어로 구분할 수 있습니다.
(법원직의 경우 독해 약 80%, 문법 및 어휘 약 20%)

시험 구분	총 문항 수	영역별 출제 문항 수		
		문법	독해	어휘
국가직 9급	총 20 문항	3~4 문항	9~13 문항	4~8 문항
지방직 9급	총 20 문항	3~4 문항	9~13 문항	4~8 문항
서울시 9급*	총 20 문항	3~5 문항	9~10 문항	6~7 문항
법원직 9급	총 25 문항	3~5 문항	20~22 문항	0~1 문항
국회직 9급	총 20 문항	4~5 문항	10~11 문항	4~5 문항

*서울시 9급 영어과목 시험은 2020년부터 지방직과 동일하게 인사혁신처에서 출제했습니다.

2. 최신 출제 경향 및 대비 전략

문법 문장 안에서 주요 문법 개념이 어떻게 활용되는지 파악해야 합니다.

문법 영역에서는 동사구, 접속사와 절, 준동사구를 묻는 문제가 자주 출제되며, 세부 빈출 포인트로는 수 일치, 관계절, 분사가 있습니다. 최근에는 출제 의도가 명확한 지문형 또는 빈칸형 문제 등 활용성 높은 문법 문제가 출제되고 있습니다.

대비전략
문법 학습에서는 영문법 이론에 대한 기본 개념을 탄탄히 다진 뒤 각 문제의 문법 포인트를 정확하게 파악하고, 반복적인 문제풀이를 통해 공무원 영어 시험에 자주 출제되는 포인트를 집중적으로 훈련하는 것이 좋습니다.

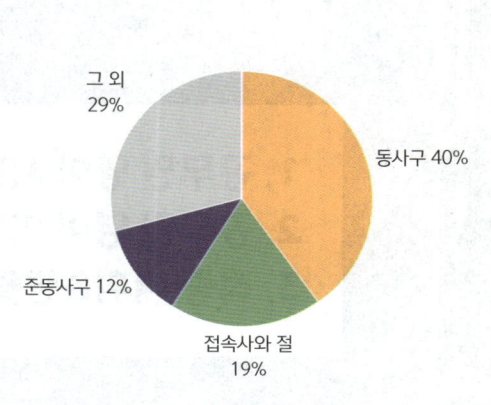

그 외 29%
동사구 40%
준동사구 12%
접속사와 절 19%

독해　구문을 정확하게 해석하고 유형별 풀이 전략을 적용하는 연습을 해야 합니다.

독해 영역에서는 빈칸 완성(단어·구·절), 주제·제목·요지·목적 파악, 내용 일치·불일치 파악 유형의 출제 비중이 순서대로 높은 편입니다. 최근에는 글의 내용 파악 유형과 논리적 흐름 파악 유형의 출제가 증가하고 있으며, 한 지문에서 두 문항이 출제되는 다문항과 이메일·안내문·웹페이지 등의 실용문을 활용한 신유형 문제도 등장하고 있습니다.

대비전략
독해 학습에서는 기존 문제 유형들에 대한 감각을 유지하면서 다문항과 실용문 같은 신유형 지문에도 익숙해져야 합니다. 유형별 문제풀이 전략을 숙지하고 이를 실제 문제풀이에 적용해 보는 연습이 중요하며, 신유형에 대비하기 위해 공무원 직무 관련 어휘를 학습하고, 관련 소재 및 정책에 대해서도 알아두는 것이 좋습니다.

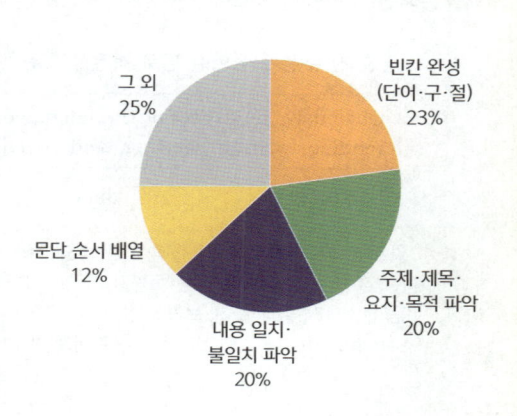

어휘　단어, 표현, 생활영어까지 모든 유형을 대비하기 위해 폭넓게 학습해야 합니다.

어휘 영역에서는 기존에 자주 출제되던 유의어 찾기 유형이 아닌 문맥 속에서 빈칸에 적절한 단어를 추론하여 정답을 찾는 유형의 문제가 주로 출제되고 있습니다. 생활영어에서는 실생활과 밀접한 주제의 대화가 주로 출제되지만, 비대면 의사소통이나 직무 관련 소재를 활용한 대화도 함께 출제되고 있습니다.

대비전략
어휘 학습에서는 유의어·다의어 중심의 폭넓은 어휘 암기가 필요하며, 혼동하기 쉬운 표현들도 함께 알아두는 것이 좋습니다. 생활영어 문제에 대비하기 위해서는 직무 관련 표현이나 비대면 의사소통 상황에서 쓰일 수 있는 표현들을 익혀 두는 것이 중요합니다.

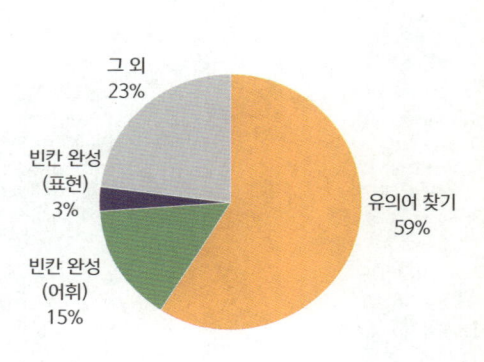

공무원 영어 어휘&생활영어 출제 유형

1. 빈칸에 들어갈 어휘 / 표현 고르기

문장 또는 지문의 빈칸에 들어갈 적절한 어휘 또는 표현을 고르는 유형입니다. 이 유형은 보기에 주어진 어휘나 표현의 의미를 파악한 후 전체적인 문맥을 통해 빈칸에 들어갈 적절한 것을 유추하면 쉽게 풀 수 있으므로, 충분한 양의 어휘 암기와 추론 능력이 필요합니다.

1. 밑줄 친 부분에 들어갈 말로 적절한 것은? [2024년 국가직 9급]

   Obviously, no aspect of the language arts stands alone either in learning or in teaching. Listening, speaking, reading, writing, viewing, and visually representing are _____.

   ① distinct   ② distorted   ③ interrelated   ④ independent

   해설 밑줄 친 부분에 들어갈 어휘를 묻고 있습니다. ①번 'distinct'는 '뚜렷이 다른', ②번 'distorted'는 '왜곡된', ③번 'interrelated'는 '서로 관계 있는', ④번 'independent'는 '독립된'이라는 의미입니다. 주어진 문장에서 언어의 어떤 측면도 학습이나 교육에 있어 독립적이지 않다고 했으므로, '듣기, 말하기, 읽기, 쓰기, 보기, 시각적 표현은 _____'라는 문맥에서 Listening, speaking, reading, writing, viewing, and visually representing are _____의 빈칸에는 '서로 관계 있는'이라는 의미가 들어가야 자연스럽습니다. 따라서 ③번이 정답입니다.

2. 비슷한 뜻을 가진 어휘 / 표현 고르기

밑줄 친 부분의 어휘 또는 표현과 비슷한 의미를 가진 것을 고르는 유형입니다. 이 유형의 경우, 지문에 사용된 어휘와 문장 구조는 어렵지 않지만, 밑줄 친 부분과 보기에 쓰인 어휘나 표현이 어려운 편입니다. 특히 밑줄 친 부분의 의미를 문맥을 통해 파악했더라도 보기의 어휘를 알지 못한다면 답을 고를 수 없는 경우가 많으므로, 충분한 양의 어휘와 그에 대한 유의어 암기가 필요합니다.

1. 밑줄 친 부분의 의미와 가장 가까운 것을 고르시오. [2023년 지방직 9급]

   Further explanations on our project will be given in <u>subsequent</u> presentations.

   ① required   ② following   ③ advanced   ④ supplementary

   해설 subsequent(다음의)와 비슷한 의미를 가진 어휘를 묻고 있습니다. ①번 required는 '필요한', ②번 following은 '다음의', ③번 advanced는 '진보한', ④번 supplementary는 '보충의'라는 의미입니다. 따라서 ②번이 정답입니다.

3. 대화의 빈칸에 들어갈 생활영어 문장 고르기

대화의 빈칸에 들어갈 알맞은 말을 고르는 유형입니다. 대화의 전체적인 흐름을 파악한 후 빈칸 앞, 뒤 문맥을 파악해야 합니다. 지문과 보기에는 관용적으로 사용되는 생활영어 표현이 자주 등장하므로, 상황별로 쓰이는 다양한 문장들을 외워두는 것이 좋습니다.

5. 밑줄 친 부분에 들어갈 말로 가장 적절한 것을 고르시오. [2025년 국가직 9급]

   A: Aren't you going to have lunch?
   B: No, I'm not hungry. I'd rather read my book. I'm reading *The Lucky Club*.
   A: *The Lucky Club?* What's it about?
   B: Well, it's about a group of Korean women who live in Los Angeles. The main character is a woman born in America whose mother came from Korea.
   A: It sounds interesting. Who's it by?
   B: _____.
   A: She wrote *The Heroine Generation*, too, didn't she?
   B: No, that was written by May Lee.
   A: Oh, I see.

   ① I have already read it
   ② Lin Lee is the author
   ③ It originally belongs to me
   ④ She is one of my relatives in Korea

   해설 대화 속의 빈칸을 채우는 유형입니다. 빈칸 앞 A의 '누가 쓴 거야?'라는 말을 통해 빈칸에는 'Lin Lee가 저자야'라는 의미의 Lin Lee is the author가 와야 함을 알 수 있습니다. 따라서 ②번이 정답입니다.

적중 어휘&생활영어 200제 **학습 플랜**

20일 완성 학습 플랜
단기간에 공무원 영어 어휘&생활영어 영역의 실전 감각을 끌어올리고 싶은 수험자에게 추천합니다.

20일만에 공무원 영어 어휘&생활영어 완벽 정복!
- 20일 동안 매일 1 DAY씩 출제예상문제 10문항을 풉니다.
- 하루치 문제를 모두 푼 후, 해석과 해설을 이용하여 각 문제의 출제 예상 어휘, 관련 유의어와 생활영어 표현을 복습합니다.
- 각 DAY의 '적중 예상 문제'의 최빈출 어휘들을 복습하여 마무리합니다.

1일	2일	3일	4일	5일
DAY 01	DAY 02	DAY 03	DAY 04	DAY 05
6일	7일	8일	9일	10일
DAY 06	DAY 07	DAY 08	DAY 09	DAY 10
11일	12일	13일	14일	15일
DAY 11	DAY 12	DAY 13	DAY 14	DAY 15
16일	17일	18일	19일	20일
DAY 16	DAY 17	DAY 18	DAY 19	DAY 20

gosi.Hackers.com

40일 완성 학습 플랜

공무원 영어 어휘&생활영어를 완벽하게 정리하여 실전에 적용하고 싶은 수험자에게 추천합니다.

차근차근 공무원 영어 어휘&생활영어를 빈틈없이 정리!
- 1 DAY 분량을 이틀에 나누어 하루에 5문제씩 학습합니다.
- 1 DAY의 모든 문제를 푼 후, 해석과 해설을 이용하여 각 문제의 출제 예상 어휘, 관련 유의어와 생활영어 표현을 복습합니다.
- 1 DAY의 문제 풀이 및 복습이 모두 완료되면 '적중 예상 문제'의 최빈출 어휘들을 한번 더 꼼꼼하게 복습하여 마무리합니다.

1일	2일	3일	4일	5일
DAY 01	DAY 01	DAY 02	DAY 02	DAY 03
6일	7일	8일	9일	10일
DAY 03	DAY 04	DAY 04	DAY 05	DAY 05
11일	12일	13일	14일	15일
DAY 06	DAY 06	DAY 07	DAY 07	DAY 08
16일	17일	18일	19일	20일
DAY 08	DAY 09	DAY 09	DAY 10	DAY 10
21일	22일	23일	24일	25일
DAY 11	DAY 11	DAY 12	DAY 12	DAY 13
26일	27일	28일	29일	30일
DAY 13	DAY 14	DAY 14	DAY 15	DAY 15
31일	32일	33일	34일	35일
DAY 16	DAY 16	DAY 17	DAY 17	DAY 18
36일	37일	38일	39일	40일
DAY 18	DAY 19	DAY 19	DAY 20	DAY 20

해커스공무원에서 제공하는 합격 가능성을 높이는 프리미엄 콘텐츠!

01
**공무원 학원 및
시험 정보·동영상 강의
(gosi.Hackers.com)**

공무원 학원 및 시험에 관한 각종 정보 및 다양한 무료 자료, 교재별 핵심정리 동영상 강의 및 실전 문제풀이 동영상 강의 등을 제공합니다.

02
**문법·독해·어휘
동영상 강의
(gosi.Hackers.com)**

공무원 영어 학습자들이 꼭 알아야 할 개념을 혼자서도 완벽하게 정복할 수 있도록 동영상 강의를 제공합니다.

03
**단어시험지 자동제작
프로그램**

해커스공무원 영어 어휘 단어시험지 자동생성기를 통해 맞춤형 시험지로 암기한 단어를 복습할 수 있습니다.

04
무료 공무원 보카 어플

공무원 영어 기출 어휘로 구성된 단어 암기 어플을 통해 언제 어디서든 편리하게 기출 어휘를 학습할 수 있습니다.

05
합격예측 모의고사

실제 시험과 가장 유사한 난이도와 시험장 분위기로 실전대비가 가능하며, 당일 해설강의를 제공하여 출제포인트를 명쾌하게 이해할 수 있습니다.

해커스공무원
영어
적중 어휘 & 생활영어
200제

해커스공무원 영어
적중 어휘&생활영어 200제

CONTENTS

gosi.Hackers.com

DAY 01 (001번-010번) ·········· 6	**DAY 11** (101번-110번) ·········· 106
DAY 02 (011번-020번) ·········· 16	**DAY 12** (111번-120번) ·········· 116
DAY 03 (021번-030번) ·········· 26	**DAY 13** (121번-130번) ·········· 126
DAY 04 (031번-040번) ·········· 36	**DAY 14** (131번-140번) ·········· 136
DAY 05 (041번-050번) ·········· 46	**DAY 15** (141번-150번) ·········· 146
DAY 06 (051번-060번) ·········· 56	**DAY 16** (151번-160번) ·········· 156
DAY 07 (061번-070번) ·········· 66	**DAY 17** (161번-170번) ·········· 166
DAY 08 (071번-080번) ·········· 76	**DAY 18** (171번-180번) ·········· 176
DAY 09 (081번-090번) ·········· 86	**DAY 19** (181번-190번) ·········· 186
DAY 10 (091번-100번) ·········· 96	**DAY 20** (191번-200번) ·········· 196

책의 특징과 구성

공무원 영어 최신 경향이 반영된 문제로 어휘&생활영어 영역 완벽 정복

공무원 시험에 반드시 출제되는 빈출 어휘로 구성된 출제예상문제를 권장 풀이 시간에 맞추어 풀고, 다음 시험에 반드시 나올 최빈출 어휘와 표현들을 확인해 공무원 어휘&생활영어 영역을 완벽하게 대비하고 실전 감각을 높일 수 있습니다.

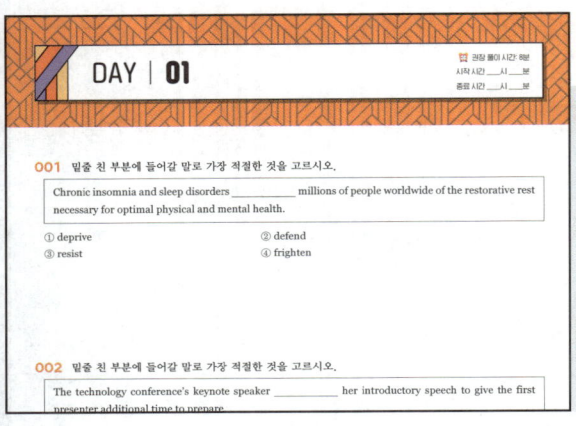

DAY별 출제예상문제

공무원 영어 최신 기출 경향을 완벽 반영한 실전 출제예상문제를 매일 10문제씩 풀어보며 어휘&생활영어 영역에 완벽하게 대비할 수 있습니다. 매일 실제 문제 풀이에 걸린 시간과 권장 풀이 시간을 비교해 보며, 실전 시험에 대비하는 감각을 높일 수 있습니다.

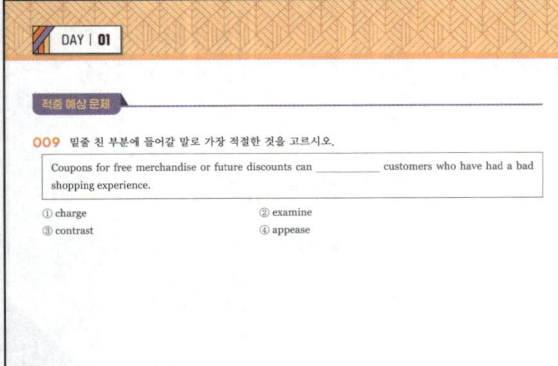

적중 예상 문제

공무원 영어 어휘&생활영어 영역에서 가장 자주 출제되는 어휘와 표현으로 엄선하여 '적중 예상 문제'를 구성하였습니다. 다음 시험에 반드시 출제될 '적중 예상 문제'를 통해 공무원 최빈출 어휘와 표현을 효율적으로 학습할 수 있습니다.

명쾌하고 상세한 해석/해설로 출제 예상 어휘를 빈틈없이 정리

문제별로 표기된 출제 예상 어휘로 편리하게 추가 학습과 복습할 부분을 확인하고, 모든 문제에 대한 상세한 해설 및 해석과 추가 유의어 및 생활영어 표현을 통해 놓치는 부분 없이 철저하게 학습할 수 있습니다.

출제 예상 어휘

모든 문제에 출제 예상 어휘와 해석을 제공하여, 각 어휘가 실전 문제에서 어떻게 사용되었는지 쉽게 확인하고, 추가 학습 및 복습할 부분을 빠르게 확인할 수 있습니다.

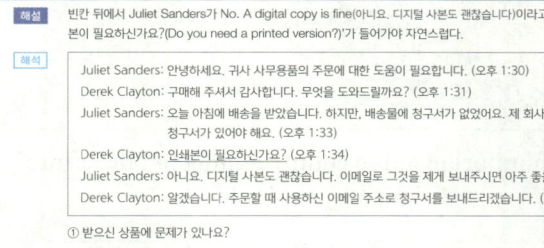

정답·해설·해석·어휘·유의어

모든 문제에 정답뿐만 아니라 상세한 해설과 문제 해석, 어휘를 제공하여 문제 내에서 어휘가 어떻게 사용되었는지 완벽하게 이해할 수 있습니다. 또한, 모든 문제에 정답 어휘에 대한 유의어와 추가 생활영어 표현을 [어휘 PLUS]와 [표현 PLUS]에서 제공하여 보다 폭넓은 어휘 학습이 가능합니다.

DAY | 01

001 밑줄 친 부분에 들어갈 말로 가장 적절한 것을 고르시오.

> Chronic insomnia and sleep disorders _____ millions of people worldwide of the restorative rest necessary for optimal physical and mental health.

① deprive
② defend
③ resist
④ frighten

002 밑줄 친 부분에 들어갈 말로 가장 적절한 것을 고르시오.

> The technology conference's keynote speaker _____ her introductory speech to give the first presenter additional time to prepare.

① concluded
② sponsored
③ prolonged
④ completed

003 밑줄 친 부분에 들어갈 말로 가장 적절한 것을 고르시오.

> International organizations consistently _____ humanitarian aid to countries affected by natural disasters.

① represent
② render
③ transform
④ deceive

001 deprive 빼앗다

정답 ①

해석 만성 불면증과 수면 장애는 전 세계 수백만 명의 사람들로부터 최적의 신체적 그리고 정신적 건강에 필요한 회복적인 휴식을 <u>빼앗는다</u>.
① deprive 빼앗다　② defend 방어하다
③ resist 저항하다　④ frighten 무섭게 하다

어휘 chronic 만성의　insomnia 불면증　disorder 장애　restorative 회복적인　rest 휴식　optimal 최적의　physical 신체적인　mental 정신적인

어휘 PLUS deprive(빼앗다)의 유의어
= rob, strip, divest

002 prolong 연장시키다

정답 ③

해석 그 기술 학회의 기조연설자는 첫 번째 발표자가 준비할 추가 시간을 주기 위해 그녀의 소개 연설을 <u>연장시켰다</u>.
① concluded 끝냈다　② sponsored 후원했다
③ prolonged 연장시켰다　④ completed 완료했다

어휘 conference 학회　keynote speaker 기조연설자　introductory 소개의　presenter 발표자

어휘 PLUS prolong(연장시키다)의 유의어
= extend, lengthen, delay, drag out

003 render 제공하다

정답 ②

해석 국제기구들은 자연 재해의 영향을 받은 나라에 지속적으로 인도주의적 지원을 <u>제공한다</u>.
① represent 대표하다　② render 제공하다
③ transform 변화시키다　④ deceive 속이다

어휘 international 국제적인　organization 기구　consistently 지속적으로　humanitarian 인도주의적인　aid 지원　affect 영향을 주다　disaster 재해

어휘 PLUS render(제공하다)의 유의어
= provide, offer, deliver, supply

●●● 난이도 상　●●○ 난이도 중　●○○ 난이도 하

DAY | 01

004 밑줄 친 부분에 들어갈 말로 가장 적절한 것을 고르시오.

Liam Arroyo
Hi, Emma. I'm working from home today, but I'm having trouble accessing the company intranet.
8:57 a.m.

Emma Peters
You're not the first person to report a problem. What happens when you try logging in?
9:00 a.m.

Liam Arroyo
I just get a message saying "Cannot Connect to Server."
9:00 a.m.

Emma Peters
_____
9:02 a.m.

Liam Arroyo
I've got a few assignments from yesterday I can finish up.
9:02 a.m.

Emma Peters
OK. Please do those for now. I'll check with IT to see if they can fix the problem.
9:03 a.m.

① Have you tried restarting your router?
② Are you able to access other websites?
③ Do you have anything you can work on offline?
④ Can you try logging in using a different browser?

004 Do you have anything you can work on offline? 오프라인으로 하실 수 있는 일이 있나요?   정답 ③

해설 빈칸 뒤에서 Liam Arroyo가 I've got a few assignments from yesterday I can finish up(마무리할 수 있는 어제의 업무가 조금 있어요) 이라고 말하고 있으므로, 빈칸에는 '③ 오프라인으로 하실 수 있는 일이 있나요?(Do you have anything you can work on offline?)'가 들어가야 자연스럽다.

해석
> Liam Arroyo: 안녕하세요, Emma. 저는 오늘 재택근무를 하는데, 회사 인트라넷에 접속하는 데 어려움을 겪고 있어요. (오전 8:57)
> Emma Peters: 문제를 보고한 사람이 당신이 처음은 아니에요. 로그인을 시도하면 어떻게 되나요? (오전 9:00)
> Liam Arroyo: '서버에 연결할 수 없습니다'라는 메시지를 받아요. (오전 9:00)
> Emma Peters: 오프라인으로 하실 수 있는 일이 있나요? (오전 9:02)
> Liam Arroyo: 마무리할 수 있는 어제의 업무가 조금 있어요. (오전 9:02)
> Emma Peters: 알겠어요. 우선은 그것을 해주세요. IT 부서에 문제를 해결할 수 있는지 확인해 볼게요. (오전 9:03)

① 라우터를 다시 시작해 보셨나요?
② 다른 웹사이트에 접속할 수 있나요?
③ 오프라인으로 하실 수 있는 일이 있나요?
④ 다른 브라우저를 사용해 로그인을 해보시겠어요?

어휘 access 접속하다   intranet 인트라넷(내부 전산망)   router 라우터(네트워크에서 데이터의 전달을 촉진하는 중계 장치)
browser 브라우저(인터넷의 자료들을 읽을 수 있게 해 주는 프로그램)

표현 PLUS 재택근무와 관련된 표현
- **VPN**(virtual private network) 가상사설망(공중 통신망 기반 시설을 개별 기업의 목적에 맞게 구성한 데이터 네트워크)
- **video conferencing** 화상회의
- **webinar** 웨비나(인터넷상의 세미나)
- **screen sharing** 화면 공유
- **cloud storage** 클라우드 스토리지(네트워크 기반에서 데이터를 저장할 수 있게 해주는 서비스)

DAY | 01

005 밑줄 친 부분과 의미가 가장 가까운 것은?

> The man made an ostentatious show of his riches, constantly attempting to demonstrate how <u>affluent</u> he was.

① marvelous
② suitable
③ opulent
④ superior

006 밑줄 친 부분에 들어갈 말로 가장 적절한 것을 고르시오.

> A: Are you able to help out at the community cleanup event this Saturday?
> B: That depends. What time does it start?
> A: Bright and early at 7:00 a.m. Does that work for you?
> B: _____
> A: No problem! Just come whenever you're free.
> B: Great. I should be able to be there by 9 o'clock.

① I have volunteered to do that before.
② I should be able to manage that.
③ I have a full schedule this Saturday.
④ I would be able to join a little later.

005　affluent 부유한 (= opulent)　　　　　　　　　　　　　　　　　　정답 ③

해석　그 남자는 계속해서 그가 얼마나 <u>부유한</u>지를 보여주려고 시도하면서 그의 부를 과시하는 허세를 부렸다.
① marvelous 놀라운　　　　　　② suitable 적합한
③ opulent 부유한　　　　　　　④ superior 우수한

어휘　make a show 허세를 부리다　ostentatious (재산 등을) 과시하는　riches 부　demonstrate 보여주다

어휘 PLUS　affluent(부유한)의 유의어
= rich, wealthy, moneyed, loaded, deep-pocketed

006　I would be able to join a little later. 조금 늦게 합류할 수 있을 것 같아요.　　　정답 ④

해설　빈칸 뒤에서 A가 No problem! Just come whenever you're free(괜찮습니다! 시간 되실 때 언제든 오세요)라고 말하고 있으므로, 빈칸에는 '④ 조금 늦게 합류할 수 있을 것 같아요(I would be able to join a little later)'가 들어가야 자연스럽다.

해석
> A: 이번 주 토요일에 지역사회 정화 행사를 도와주실 수 있나요?
> B: 경우에 따라 달라요. 몇 시에 시작하나요?
> A: 아침 일찍인 7시에요. 괜찮으신가요?
> B: <u>조금 늦게 합류할 수 있을 것 같아요.</u>
> A: 괜찮습니다! 시간 되실 때 언제든 오세요.
> B: 좋습니다. 9시까지는 도착할 수 있을 것 같아요.

① 이전에 그 일을 자원해서 한 적이 있어요.
② 그것을 잘 처리할 수 있을 것 같아요.
③ 이번 주 토요일에는 일정이 꽉 찼어요.
④ 조금 늦게 합류할 수 있을 것 같아요.

어휘　community 지역사회　That depends. 경우에 따라 다르다　bright and early 아침 일찍　manage 처리하다, 관리하다

표현 PLUS　자원봉사를 할 때 쓸 수 있는 표현
- We're organizing a charity event. 우리는 자선 행사를 준비하고 있습니다.
- I help out with fundraising. 저는 기금 모금 활동을 돕고 있습니다.
- Can I join the volunteer team? 자원봉사팀에 합류할 수 있을까요?
- I volunteer once a month. 저는 한 달에 한 번 자원봉사를 합니다.

DAY | 01

007 밑줄 친 부분과 의미가 가장 가까운 것은?

> After the previous theory was discredited, scientists immediately used the research to <u>elaborate</u> a new hypothesis to explain the event.

① attain
② develop
③ obviate
④ disclose

008 밑줄 친 부분에 들어갈 말로 가장 적절한 것을 고르시오.

> The mayor's confident tone did not _____ his nervousness about his chances of being reelected.

① call off
② let on
③ win over
④ break up

007　elaborate 정밀하게 만들다 (= develop)　　　　　　　　　　　정답 ②

해석　앞선 이론이 신빙성을 잃은 후, 과학자들은 그 사건을 설명하기 위한 새로운 가설을 <u>정밀하게 만들기</u> 위해 그 연구를 즉시 사용했다.
　　① attain 달성하다　　② develop (주제·이론 등을) 진전시키다
　　③ obviate 제거하다　　④ disclose 공개하다

어휘　discredit 신빙성을 잃다, 신용을 떨어뜨리다　hypothesis 가설

어휘 PLUS　elaborate(정밀하게 만들다)의 유의어
= build, evolve

008　let on 드러내다　　　　　　　　　　　　　　　　　　　　　정답 ②

해석　그 시장의 자신감 있는 어조는 재선 가능성에 대한 그의 불안감을 <u>드러내지</u> 않았다.
　　① call off 중지하다　　② let on 드러내다
　　③ win over 설득하다　　④ break up 끝이 나다

어휘　mayor 시장　confident 자신감 있는　tone 어조　nervousness 불안감, 초조함　reelect 재선하다

표현 PLUS　let on(드러내다)과 유사한 의미의 표현
= reveal, disclose, give away

DAY | 01

적중 예상 문제

009 밑줄 친 부분에 들어갈 말로 가장 적절한 것을 고르시오.

> Coupons for free merchandise or future discounts can _____ customers who have had a bad shopping experience.

① charge
② examine
③ contrast
④ appease

010 밑줄 친 부분에 들어갈 말로 가장 적절한 것을 고르시오.

> Cultures that share regional similarities have access to equivalent crops and ingredients. Yet, the cuisines that emerge from these local cultures are _____.

① distinct
② distracting
③ misguided
④ misinformed

009 appease 달래다

정답 ④

해석 무료 상품이나 향후의 할인에 대한 쿠폰은 좋지 않은 쇼핑 경험을 한 고객들을 달랠 수 있다.
① charge 청구하다　　　　② examine 조사하다
③ contrast 대조하다　　　　④ appease 달래다

어휘 merchandise 상품

어휘 PLUS appease(달래다)의 유의어
= soothe, calm, ease

010 distinct 차이가 있는

정답 ①

해석 지역적 유사성을 공유하는 문화는 동등한 작물과 재료를 구할 수 있다. 하지만, 이러한 지역 문화에서 나오는 요리는 차이가 있다.
① distinct 차이가 있는　　　　② distracting 정신을 산만하게 하는
③ misguided 잘못 이해한　　　　④ misinformed 잘못 알고 있는

어휘 regional 지역적인, 지방의　similarity 유사성　have access to ~을 구할 수 있다, ~을 접할 수 있다　equivalent 동등한
crop 작물, 수확물　ingredient 재료, 성분　cuisine 요리　emerge 나오다, 생겨나다

어휘 PLUS distinct(차이가 있는)의 유의어
= different, disparate, discrete

DAY | 02

011 밑줄 친 부분에 들어갈 말로 가장 적절한 것을 고르시오.

> The result of the experiment was so _____ consistent with the scientists' hypothesis that they felt confident announcing their findings.

① eagerly
② randomly
③ obviously
④ silently

012 밑줄 친 부분에 들어갈 말로 가장 적절한 것을 고르시오.

> Astronauts returning from space missions undergo a period of _____ in a secure, isolated facility to prevent possible contamination from extraterrestrial microbes.

① rehabilitation
② quarantine
③ protocol
④ adjustment

013 다음 빈칸에 들어갈 것으로 알맞은 것을 고르시오.

> Only the prime minister can _____ a replacement for the recently resigned minister of defense.

① inquire
② appoint
③ resume
④ devote

011 obviously 명백하게

정답 ③

해석 그 실험의 결과가 과학자들의 가설과 매우 <u>명백하게</u> 일치하였기에 그들은 자신들의 연구 결과를 발표하는 데 자신이 있었다.
① eagerly 간절히
② randomly 무작위로
③ obviously 명백하게
④ silently 조용히

어휘 consistent with ~와 일치하는   hypothesis 가설   confident 자신이 있는, 확신하는

어휘 PLUS obviously(명백하게)의 유의어
= clearly, evidently

012 quarantine 격리

정답 ②

해석 우주 임무에서 돌아온 우주 비행사들은 지구 밖 미생물로부터의 가능한 오염을 방지하기 위해 안전하고 고립된 시설에서 <u>격리</u> 기간을 거친다.
① rehabilitation 재활
② quarantine 격리
③ protocol 규약
④ adjustment 조정

어휘 astronaut 우주 비행사   undergo 거치다, 겪다   secure 안전한   isolated 고립된, 외떨어진   facility 시설   prevent 방지하다   contamination 오염   extraterrestrial 지구 밖의   microbe 미생물

어휘 PLUS quarantine(격리)의 유의어
= isolation, confinement, seclusion

013 appoint 임명하다

정답 ②

해석 국무총리만이 최근에 사임한 국방부 장관의 후임자를 <u>임명할</u> 수 있다.
① inquire 문의하다
② appoint 임명하다
③ resume 다시 시작하다
④ devote 바치다

어휘 prime minister 국무총리, 수상   replacement 후임자, 대신할 사람   resign 사임하다

어휘 PLUS appoint(임명하다)의 유의어
= designate, nominate, establish, install

DAY | 02

014 밑줄 친 부분에 들어갈 말로 가장 적절한 것을 고르시오.

Monica Harris
Hi, Marcus. Do you have some time to meet about your team's project?
1:30 p.m.

Marcus Larson
Sure. There are definitely some things we need to go over. Do you have a time in mind?
1:31 p.m.

Monica Harris
How about Thursday at 10:00 a.m.?
1:34 p.m.

Marcus Larson
I'm available then. Should I prepare anything specific?
1:36 p.m.

Monica Harris
Just bring any updates you have on your team's progress.
1:36 p.m.

Marcus Larson
I've wanted to talk to you about that, actually. Some tasks are taking longer than expected.
1:39 p.m.

Monica Harris
_____
1:42 p.m.

① We can discuss adjusting the timeline if necessary.
② Please go over the agenda beforehand.
③ The third-floor conference room should be free.
④ We haven't received client feedback yet.

014 We can discuss adjusting the timeline if necessary.

필요하다면 우리가 일정 조정에 대해 논의해 볼 수 있어요.

정답 ①

해설 빈칸 앞에서 Marcus Larson이 Some tasks are taking longer than expected(일부 작업이 예상보다 오래 걸리고 있어요)라고 말하고 있으므로, 빈칸에는 '① 필요하다면 우리가 일정 조정에 대해 논의해 볼 수 있어요(We can discuss adjusting the timeline if necessary)'가 들어가야 자연스럽다.

해석
> Monica Harris: 안녕하세요, Marcus. 당신의 팀 프로젝트와 관련해서 만날 시간이 있으신가요? (오후 1:30)
> Marcus Larson: 물론이죠. 분명히 우리가 점검해야 할 사항이 몇 가지 있습니다. 생각해 두신 시간이 있으신가요? (오후 1:31)
> Monica Harris: 목요일 오전 10시는 어떠세요? (오후 1:34)
> Marcus Larson: 그때 시간이 됩니다. 특별히 준비해야 할 것이 있나요? (오후 1:36)
> Monica Harris: 팀의 진행 상황과 관련하여 당신이 가진 최신 정보만 가져오세요. (오후 1:36)
> Marcus Larson: 사실 그 점에 대해 이야기하고 싶었어요. 일부 작업이 예상보다 오래 걸리고 있어요. (오후 1:39)
> Monica Harris: 필요하다면 우리가 일정 조정에 대해 논의해 볼 수 있어요. (오후 1:42)

① 필요하다면 우리가 일정 조정에 대해 논의해 볼 수 있어요.
② 미리 의제를 검토해 주세요.
③ 3층 회의실은 비어 있을 거예요.
④ 아직 고객 피드백을 받지 못했어요.

어휘 definitely 분명히 available (사람들을 만날) 시간이 있는 adjust 조정하다 timeline 일정 agenda 의제 client 고객, 의뢰인

표현 PLUS 회의에서 쓸 수 있는 표현
- I'll start by giving a brief overview. 간략한 개요를 설명하는 것으로 시작해 보겠습니다.
- Could you elaborate on that point? 그 점에 대해 자세히 설명해 주시겠어요?
- We're a little off schedule, so let's move on. 일정에서 조금 벗어났으니, 다음으로 넘어갑시다.
- I'll send out an email with the meeting notes. 회의록을 첨부한 이메일을 보내드리겠습니다.

015 밑줄 친 부분에 들어갈 말로 가장 적절한 것을 고르시오.

> A: How are you enjoying having a new car, Brenda?
> B: It's mostly great. Finding a parking spot is a major pain though.
> A: Don't you have the Metro Parking App? I use it all the time.
> B: No. Will it help me with my problem?
> A: Yes. _____
> B: That could save me a lot of time.
> A: Exactly. You won't have to drive around looking for a place to park.
> B: I'm going to download it now.

① There's no cost to download it.
② You can use it to plan your route.
③ It tells you where free parking spots are.
④ The app is probably already on your phone.

016 밑줄 친 부분에 들어갈 말로 가장 적절한 것을 고르시오.

> Meteorologists warned that the _____ temperatures experienced this summer, which averaged 10 degrees higher than normal, could become common in the future.

① stable   ② pleasant
③ moderate   ④ exceptional

015 **It tells you where free parking spots are.** 그것은 무료 주차 공간이 어디에 있는지 알려줘요. 정답 ③

해설 빈칸 앞에서 B가 Will it help me with my problem(그게 제 문제에 도움이 될까요)이라고 묻고 있고, 빈칸 뒤에서 B가 다시 That could save me a lot of time(제 시간을 많이 절약해 주겠네요)이라고 말하고 있으므로, 빈칸에는 '③ 그것은 무료 주차 공간이 어디에 있는지 알려줘요(It tells you where free parking spots are)'가 들어가야 자연스럽다.

해석
> A: 새 차를 갖게 된 기분이 어떠신가요, Brenda?
> B: 대체로 좋아요. 그런데 주차 공간을 찾는 게 정말 골칫거리예요.
> A: Metro 주차 앱이 없으신가요? 저는 항상 그것을 사용해요.
> B: 없어요. 그게 제 문제에 도움이 될까요?
> A: 네. <u>그것은 무료 주차 공간이 어디에 있는지 알려줘요.</u>
> B: 제 시간을 많이 절약해 주겠네요.
> A: 맞아요. 주차 공간을 찾으려고 돌아다닐 필요가 없을 거예요.
> B: 지금 다운로드할게요.

① 다운로드 비용은 없어요.
② 경로를 계획하는 데 그것을 사용할 수 있어요.
③ 그것은 무료 주차 공간이 어디에 있는지 알려줘요.
④ 그 앱이 이미 당신의 휴대전화에 있을지도 몰라요.

어휘 route 경로, 노선

표현 PLUS 자동차와 관련된 표현
- rearview mirror 백미러
- steering wheel 핸들
- speedometer 속도계
- turn signal 방향 지시등
- title 자동차 등록증
- fuel efficiency 연비

016 **exceptional** 이례적인 정답 ④

  기상학자들은 올여름에 경험한 평년보다 평균 10도 높았던 <u>이례적인</u> 기온이 앞으로 흔해질 수 있다고 경고했다.
① stable 안정된
② pleasant 쾌적한
③ moderate 보통의
④ exceptional 이례적인

어휘 meteorologist 기상학자 average 평균 ~이 되다

어휘 PLUS exceptional(이례적인)의 유의어
= unusual, abnormal, extraordinary

017 문맥상 빈칸에 들어갈 말로 가장 적절한 것을 고르시오.

> Lending institutions prefer not to _____ a debt, but there are occasions when they make allowance for loans that cannot be collected.

① bring off
② write off
③ take off
④ rip off

018 밑줄 친 부분에 들어갈 말로 가장 적절한 것을 고르시오.

> The wildfires destroyed dozens of homes on the mountainside, but residents of the valley were _____ that their homes were unaffected.

① jealous
② hesitant
③ fortunate
④ disappointed

017 write off ~을 탕감해 주다

정답 ②

해석 대출 기관들은 빚을 탕감해 주지 않는 것을 선호하지만, 수금될 수 없는 대출금은 참작해주는 경우가 있다.
① bring off ~을 해내다
② write off ~을 탕감해 주다
③ take off ~을 중단하다
④ rip off ~에게 바가지를 씌우다

어휘 lending 대출   debt 빚   make allowance for ~을 참작하다, 감안하다   loan 대출금   collect 수금하다

표현 PLUS write off(~을 탕감해 주다)와 유사한 의미의 표현
= wipe out, take a loss on, forgive, cancel

018 fortunate 다행인

정답 ③

해석 산불이 산비탈에 있는 수십 채의 집을 파괴했지만, 골짜기의 주민들은 다행히도 그들의 집이 영향받지 않았다.
① jealous 질투하는
② hesitant 주저하는
③ fortunate 다행인
④ disappointed 실망한

어휘 wildfire 산불   dozens of 수십의   mountainside 산비탈   valley 골짜기, 계곡   unaffected 영향을 받지 않은

어휘 PLUS fortunate(다행인)의 유의어
= lucky, blessed

DAY | 02

적중 예상 문제

019 밑줄 친 부분에 들어갈 말로 가장 적절한 것을 고르시오.

> A chain of drugstores and a general merchandise retailer that contains a small pharmacy agreed to _____ their businesses in an effort to lessen competition in the pharmaceutical market.

① dissolve
② consolidate
③ commemorate
④ terminate

020 밑줄 친 부분에 들어갈 말로 가장 적절한 것을 고르시오.

> The island of New Guinea is famous among anthropologists and linguists for having such a large number of _____ cultures and languages on a single landmass.

① parallel
② empirical
③ predictable
④ disparate

019 consolidate 합병하다

정답 ②

해석 한 약국 체인점과 작은 약국을 포함한 한 종합 소매점은 제약 시장에서의 경쟁을 줄여 보려는 노력의 일환으로 그들의 상점을 합병하는 것에 합의했다.

① dissolve 녹이다
② consolidate 합병하다
③ commemorate 기념하다
④ terminate 종료하다

어휘 general merchandise retailer 종합 소매점 pharmaceutical 제약의

어휘 PLUS consolidate(합병하다)의 유의어
= combine, merge, unite, integrate, amalgamate

020 disparate 서로 다른

정답 ④

해석 뉴기니섬은 하나의 땅덩어리에 그렇게나 많은 서로 다른 문화와 언어가 존재하는 것으로 인류학자와 언어학자들 사이에서 유명하다.

① parallel 서로 같은
② empirical 경험적인
③ predictable 예측할 수 있는
④ disparate 서로 다른

어휘 anthropologist 인류학자 linguist 언어학자 landmass (큰) 땅덩어리, 광활한 땅, 대륙

어휘 PLUS disparate(서로 다른)의 유의어
= diverse, distinct, varied, dissimilar, contrasting

DAY | 03

021 밑줄 친 부분에 들어갈 말로 가장 적절한 것을 고르시오.

Scott
Hi. I'm interested in signing up for a membership at your gym. What are my options?
3:41 p.m.

Flex Gym
Great! We offer monthly, quarterly, and annual memberships.
3:58 p.m.

Scott
I think the monthly membership would be best for me.
4:00 p.m.

Flex Gym
That's absolutely fine. The monthly membership provides full access to the gym and all standard equipment.
4:02 p.m.

Scott
_____
4:02 p.m.

Flex Gym
Yes, but they cost an additional $30 per session.
4:03 p.m.

Scott
That's not too bad. What about the membership itself?
4:03 p.m.

Flex Gym
It's $40. I can send you the contract with all the details if you'd like to go over them.
4:04 p.m.

① Do you have a dress code for the gym?
② Is a refund available if I cancel?
③ What sort of equipment does the gym have?
④ Do you offer personal training sessions?

021 Do you offer personal training sessions? 개인 지도 수업을 제공하나요?

정답 ④

해설 빈칸 뒤에서 Flex 체육관이 Yes, but they cost an additional $30 per session(네, 하지만 수업 당 추가 30달러가 듭니다)이라고 말하고 있으므로, 빈칸에는 '④ 개인 지도 수업을 제공하나요?(Do you offer personal training sessions?)'가 들어가야 자연스럽다.

해석
> Scott: 안녕하세요. 체육관 멤버십에 가입하고 싶은데요. 어떤 선택지들이 있나요? (오후 3:41)
> Flex 체육관: 좋습니다! 저희는 월간, 분기별, 그리고 연간 멤버십을 제공합니다. (오후 3:58)
> Scott: 월간 멤버십이 제게 가장 좋을 것 같아요. (오후 4:00)
> Flex 체육관: 아주 좋아요. 월간 멤버십으로 체육관과 모든 기본 기구를 전부 이용할 수 있습니다. (오후 4:02)
> Scott: 개인 지도 수업을 제공하나요? (오후 4:02)
> Flex 체육관: 네, 하지만 수업 당 추가 30달러가 듭니다. (오후 4:03)
> Scott: 나쁘지 않네요. 멤버십 자체는 얼마인가요? (오후 4:03)
> Flex 체육관: 40달러입니다. 자세한 내용을 모두 확인하고 싶으시다면 그것들이 담긴 계약서를 보내드릴 수 있습니다. (오후 4:04)

① 체육관에 복장 규정이 있나요?
② 취소하면 환불이 가능한가요?
③ 체육관에는 어떤 종류의 기구가 있나요?
④ 개인 지도 수업을 제공하나요?

어휘 sign up for ~에 가입하다, 등록하다 equipment 기구, 장비 session 수업, 기간, 회의 contract 계약서 dress code 복장 규정 refund 환불

표현 PLUS 체육관에서 쓸 수 있는 표현
· Can I try a free trial session? 무료 체험 기간을 이용할 수 있을까요?
· How do I use this machine? 이 기구를 어떻게 사용하나요?
· Where can I find the dumbbells? 아령은 어디에 있나요?
· Do you have a stretching area? 스트레칭 공간이 있나요?

DAY | 03

022 밑줄 친 부분에 들어갈 말로 가장 적절한 것을 고르시오.

> That airline's staff is unquestionably rude. Their very _____ service has given them a bad reputation among many customers.

① ample
② indifferent
③ exemplary
④ serene

023 밑줄 친 부분에 들어갈 말로 가장 적절한 것을 고르시오.

> A: Hello. I'd like to get information about the company leave policy.
> B: Certainly. What type of leave are you interested in taking?
> A: Well, my grandmother passed away. I need to fly to Toronto for her funeral.
> B: Oh, I'm sorry to hear that. That qualifies as bereavement leave.
> A: I see. How long can I take off for that?
> B: Up to five days. Would you like to schedule the time off?
> A: _____
> B: OK. We'll see you next Monday. Have a safe flight.

① Yes. I'd like to take the rest of the week off.
② No. I haven't decided what to do.
③ No. I don't think it's necessary.
④ Yes. I'll let you know when.

022　indifferent 변변찮은　　　　　　　　　　　　　　　정답 ②

해석 그 항공사의 직원은 의심할 여지 없이 무례하다. 그들의 매우 변변찮은 서비스는 많은 고객들 사이에서 그들이 나쁜 평판을 얻게 했다.
① ample 풍부한
② indifferent 변변찮은
③ exemplary 모범적인
④ serene 평화로운

어휘 unquestionably 의심할 여지 없이, 명백히　reputation 평판

어휘 PLUS indifferent(변변찮은)의 유의어
= inadequate, poor, shoddy, subpar

023　Yes. I'd like to take the rest of the week off. 네. 이번 주 남은 기간 동안 쉬고 싶습니다.　정답 ①

해설 빈칸 뒤에서 B가 OK. We'll see you next Monday. Have a safe flight(알겠습니다. 다음 주 월요일에 뵙겠습니다. 안전한 비행 되세요)라고 말하고 있으므로, 빈칸에는 '① 네. 이번 주 남은 기간 동안 쉬고 싶습니다(Yes. I'd like to take the rest of the week off)'가 들어가야 자연스럽다.

해석
> A: 안녕하세요. 회사의 휴가 정책에 대한 정보를 얻고 싶은데요.
> B: 좋습니다. 어떤 종류의 휴가를 가고 싶으신가요?
> A: 음, 저희 할머니께서 돌아가셨어요. 할머니의 장례식을 위해 토론토에 가야 합니다.
> B: 아, 유감입니다. 그것은 조의 휴가에 해당합니다.
> A: 그렇군요. 그것으로 얼마나 쉴 수 있나요?
> B: 최대 5일까지 가능합니다. 휴가를 신청하시겠어요?
> A: 네. 이번 주 남은 기간 동안 쉬고 싶습니다.
> B: 알겠습니다. 다음 주 월요일에 뵙겠습니다. 안전한 비행 되세요.

① 네. 이번 주 남은 기간 동안 쉬고 싶습니다.
② 아니요. 아직 어떻게 할지 결정하지 못했어요.
③ 아니요. 그건 필요하지 않을 것 같아요.
④ 네. 언제인지 알려드리겠습니다.

어휘 leave 휴가　policy 정책　pass away 돌아가시다, 사망하다　funeral 장례식　bereavement 조의, 가족[친지]의 사망　up to ~까지

표현 PLUS 휴가와 관련된 표현
- sick leave 병가
- maternity leave 여성의 육아 휴가
- paternity leave 남성의 육아 휴가
- marriage leave 결혼 휴가
- bereavement leave 조의 휴가
- compensatory time off 대체 휴가

DAY | 03

024 밑줄 친 부분에 들어갈 말로 가장 적절한 것을 고르시오.

> Many psychological theories highlight the _____ connection between a mother and child, emphasizing the deep emotional bond they share.

① shallow
② intimate
③ incidental
④ periodic

025 밑줄 친 부분에 들어갈 말로 가장 적절한 것을 고르시오.

> She approached her work with a characteristic _____, dedicating herself to completing even seemingly impossible tasks.

① reluctance
② persistence
③ nervousness
④ politeness

026 밑줄 친 부분에 들어갈 말로 가장 적절한 것을 고르시오.

> The consultant highlighted the importance of _____ in the workplace, encouraging the staff to treat each other with kindness and respect.

① humor
② courtesy
③ diligence
④ eagerness

024 intimate 친밀한
정답 ②

해석 많은 심리학 이론은 엄마와 아이 사이의 친밀한 관계에 중점을 두며, 그들이 공유하는 깊은 정서적 유대를 강조한다.
① shallow 얕은 ② intimate 친밀한
③ incidental 부수적인 ④ periodic 주기적인

어휘 psychological 심리학적인   theory 이론   highlight 중점을 두다, 강조하다   connection 관계, 연결   bond 유대

어휘 PLUS intimate(친밀한)의 유의어
= close, familiar

025 persistence 집요함
정답 ②

해석 그녀는 그녀의 일에 특유의 집요함을 가지고 접근했는데, 심지어 겉보기에 불가능해 보이는 일조차 끝내는 데 전념했다.
① reluctance 꺼림 ② persistence 집요함
③ nervousness 불안 ④ politeness 공손함

어휘 characteristic 특유의, 특징적인, 독특한   dedicate oneself to ~에 전념하다

어휘 PLUS persistence(집요함)의 유의어
= tenacity, perseverance, determination

026 courtesy 예의
정답 ②

해석 그 상담가는 직장 내 예의의 중요성을 강조하며, 직원들이 서로를 친절과 존중으로 대할 것을 권했다.
① humor 유머 ② courtesy 예의
③ diligence 근면 ④ eagerness 열의

어휘 consultant 상담가   highlight 강조하다   workplace 직장   encourage 권하다, 장려하다, 격려하다   treat 대하다   kindness 친절

어휘 PLUS courtesy(예의)의 유의어
= politeness, manners, etiquette, civility

DAY | 03

027 밑줄 친 부분에 들어갈 말로 가장 적절한 것을 고르시오.

> Elite athletes often train with a _____ drive to attain excellence; however, their dedication can result in burnout if it is not properly managed.

① volatile
② passionate
③ harmonious
④ sympathetic

028 밑줄 친 부분에 들어갈 말로 가장 적절한 것을 고르시오.

> They had come to a(n) _____ agreement, with neither side having an advantage over the other.

① intolerable
② illegible
③ predestined
④ equitable

027 passionate 열렬한

정답 ②

해석 엘리트 운동선수들은 뛰어난 수준에 도달하기 위해 보통 열렬한 투지를 가지고 훈련한다. 하지만, 그들의 헌신은 제대로 관리되지 않으면 극도의 피로를 초래할 수 있다.

① volatile 변덕스러운
② passionate 열렬한
③ harmonious 조화로운
④ sympathetic 동정적인

어휘 athlete 운동선수   drive 투지, 추진력   attain 도달하다, 얻다, 달성하다   excellence 뛰어난 수준, 우수성   dedication 헌신   burn out 극도의 피로, 소진

어휘 PLUS passionate(열렬한)의 유의어
= eager, intense, enthusiastic

028 equitable 공정한

정답 ④

해석 그들은 공정한 합의에 도달했고, 어느 쪽도 상대보다 유리하지 않았다.

① intolerable 참을 수 없는
② illegible 읽기 어려운
③ predestined 숙명적인
④ equitable 공정한

어휘 agreement 합의   have an advantage over ~보다 유리하다

어휘 PLUS equitable(공정한)의 유의어
= equal, fair, just, evenhanded

DAY | 03

적중 예상 문제

029 밑줄 친 부분에 들어갈 말로 가장 적절한 것을 고르시오.

> Consuming essential vitamins each day _____ the body while maintaining energy levels and supporting proper organ functions.

① harms
② weakens
③ calculates
④ nourishes

030 밑줄 친 부분에 들어갈 말로 가장 적절한 것을 고르시오.

> Modern _____ often involves buying items of quality that last longer than cheap alternatives.

① loyalty
② luxury
③ charity
④ frugality

029 nourish 영양을 공급하다

정답 ④

해석 필수 비타민들을 매일 섭취하는 것은 에너지 수준을 유지하고 적절한 장기 기능을 지원하면서 신체에 <u>영양을 공급한다</u>.
① harms 해치다
② weakens 약화시키다
③ calculates 계산하다
④ nourishes 영양을 공급하다

어휘 consume 섭취하다 essential 필수적인 maintain 유지하다 proper 적절한, 적당한 organ 장기 function 기능

어휘 PLUS nourish(영양을 공급하다)의 유의어
= sustain, support, promote

030 frugality 절약

정답 ④

해석 현대의 <u>절약</u>은 종종 값싼 대안들보다 더 오래 지속되는 좋은 품질의 물건들을 사는 것을 포함한다.
① loyalty 충성심
② luxury 사치
③ charity 자선
④ frugality 절약

어휘 involve 포함하다 quality 품질 last 지속되다 cheap 값싼 alternative 대안

어휘 PLUS frugality(절약)의 유의어
= thriftiness, economy, parsimony

DAY | 04

031 다음 문장의 빈칸에 들어갈 말로 가장 적절한 것은?

> Customers of the telecommunications company can _____ their Internet with other services or choose to get everything separately.

① bundle
② scatter
③ revoke
④ distance

032 밑줄 친 부분에 들어갈 말로 가장 적절한 것을 고르시오.

> Over the past decade, humans have _____ Earth's finite resources, using up forests, clean water, and fossil fuels at an unsustainable rate, and this has left ecosystems increasingly fragile and future generations with fewer essentials to rely on.

① hoarded
② discovered
③ cultivated
④ squandered

033 밑줄 친 부분에 들어갈 말로 가장 적절한 것은?

> Because Tommy had left his bike lying in the driveway, his father nearly _____ it with his car.

① ran around
② ran over
③ ran under
④ ran to

031 bundle 묶다

정답 ①

해석 통신사의 고객들은 인터넷을 다른 서비스들과 묶거나 모든 것을 따로따로 사는 것을 선택할 수 있다.
① bundle 묶다
② scatter 분산시키다
③ revoke 취소하다
④ distance 간격을 두다

어휘 telecommunications 통신

어휘 PLUS bundle(묶다)의 유의어
= tie, bind, package

032 squander 낭비하다

정답 ④

해석 지난 10년 동안, 인간들은 삼림, 깨끗한 물, 그리고 화석 연료를 지속 불가능한 속도로 사용하면서 지구의 한정된 자원들을 낭비해 왔고, 이것은 생태계를 점점 더 취약하게 만들었으며 미래 세대들이 의존할 필수 요소들을 더 적게 남겨두었다.
① hoarded 비축했다
② discovered 발견했다
③ cultivated 재배했다
④ squandered 낭비했다

어휘 decade 10년 finite 한정된, 유한한 resource 자원 fossil 화석 fuel 연료 unsustainable 지속 불가능한 ecosystem 생태계 fragile 취약한 essentials 필수 요소

어휘 PLUS squander(낭비하다)의 유의어
= waste, misspend, fritter away

033 run over ~을 치다

정답 ②

해석 Tommy가 그의 자전거를 차도에 놓여 있는 채로 방치해서, 그의 아버지가 차로 그것을 거의 칠 뻔했다.
① ran around ~와 어울렸다
② ran over ~을 쳤다
③ ran under ~의 아래로 달렸다
④ ran to (치수·양이) ~에 달했다

어휘 lie 놓여 있다, 눕다 driveway 차도

표현 PLUS run over(~을 치다)와 유사한 의미의 표현
= trample on, crush

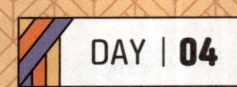

034 밑줄 친 부분에 들어갈 말로 가장 적절한 것을 고르시오.

Meredith: Hello. I have some questions about the new Solaris transportation card. 10:20

City Bus: I can help you with that. What would you like to know? 10:21

Meredith: _____ 10:21

City Bus: It only includes buses within the city limits. Airport buses are considered intercity buses. 10:22

Meredith: Oh, I see. What else can the card be used for? 10:23

City Bus: The card also offers unlimited rides on the subway. 10:23

Meredith: That's useful. How much is it? 10:24

City Bus: It's only $30 per month. 10:24

① Where can I purchase a card?
② Can I use it to go to the airport?
③ How many rides are included?
④ Do you know how far the airport is?

034 Can I use it to go to the airport? 그것을 공항에 갈 때 사용할 수 있나요?

정답 ②

해설 빈칸 뒤에서 시내버스 안내원이 It only includes buses within the city limits. Airport buses are considered intercity buses(이 카드는 시내버스만 포함합니다. 공항버스는 시외버스로 간주돼요)라고 말하고 있으므로, 빈칸에는 '② 그것을 공항에 갈 때 사용할 수 있나요?(Can I use it to go to the airport?)'가 들어가야 자연스럽다.

해석
> Meredith: 안녕하세요. 새로운 Solaris 교통카드에 대해 몇 가지 질문이 있는데요. (10:20)
> 시내버스: 제가 도와드릴게요. 무엇을 알고 싶으신가요? (10:21)
> Meredith: 그것을 공항에 갈 때 사용할 수 있나요? (10:21)
> 시내버스: 이 카드는 시내버스만 포함합니다. 공항버스는 시외버스로 간주돼요. (10:22)
> Meredith: 오, 그렇군요. 이 카드가 또 어디에 사용될 수 있나요? (10:23)
> 시내버스: 이 카드는 또한 지하철에서 무제한으로 이용할 수 있어요. (10:23)
> Meredith: 유용하네요. 얼마인가요? (10:24)
> 시내버스: 한 달에 단돈 30달러입니다. (10:24)

① 카드를 어디에서 구매할 수 있나요?
② 그것을 공항에 갈 때 사용할 수 있나요?
③ 몇 번의 탑승이 포함되어 있나요? (몇 번이나 탈 수 있나요?)
④ 공항까지 거리가 얼마나 되는지 아시나요?

어휘 consider 간주하다, 여기다 intercity 시외의, 도시 간의

표현 PLUS 대중교통을 탈 때 쓸 수 있는 표현
· How much is the fare? 요금이 얼마인가요?
· What time does the next bus arrive? 다음 버스는 몇 시에 도착하나요?
· Can you tell me where to get off? 어디에서 내려야 하는지 알려주실 수 있나요?
· Where can I top up my transportation card? 제 교통카드를 어디에서 충전할 수 있나요?

035 밑줄 친 부분에 들어갈 말로 가장 적절한 것을 고르시오.

> Our understanding of mental health issues is still influenced by the _____ that personal strength alone determines recovery, when in reality genuine healing depends on the integrated support of therapy, medication, and compassionate care.

① theory
② fallacy
③ principle
④ discourse

036 밑줄 친 부분에 들어갈 말로 가장 적절한 것을 고르시오.

> A: Good morning. Thank you for messaging HR. How can I help you today?
> B: I'd like to get more information about the benefits available to employees.
> A: Certainly. We offer a variety of insurance programs, health and wellness programs, and a retirement plan.
> B: Could you tell me about the health and wellness programs?
> A: Of course. We have an onsite gym for employees and also offer opportunities to learn yoga or Pilates.
> B: That's good to know. I'm interested in the yoga classes.
> A: Great. Just bring in the receipts for the fees, and we'll reimburse you on your paycheck.
> B: _____
> A: Unfortunately, we don't have yoga teachers on staff. But you can go anywhere you want and we'll pay for it.

① I'd like to take classes after work on Tuesdays.
② Does that cover the cost of equipment as well?
③ That should save me a lot of money over time.
④ So are the classes not offered at the company gym?

035 fallacy 그릇된 생각

정답 ②

해석 정신 건강 문제에 대한 우리의 인식은 개인의 의지만이 회복을 결정한다는 <u>그릇된 생각</u>에 의해 여전히 영향을 받지만, 실제로 진정한 치유는 치료, 약물, 그리고 연민 어린 돌봄의 통합된 지원에 달려 있다.

① theory 이론
② fallacy 그릇된 생각
③ principle 원칙
④ discourse 담론

어휘 mental 정신의   influence 영향을 주다   determine 결정하다   recovery 회복   genuine 진정한   healing 치유   integrated 통합된   support 지원   therapy 치료   medication 약물   compassionate 연민 어린, 인정 많은   care 돌봄

어휘 PLUS fallacy(그릇된 생각)의 유의어
= misconception, myth, false belief

036 So are the classes not offered at the company gym?

정답 ④

그럼 수업은 사내 헬스장에서 제공되는 것이 아닌가요?

해설 빈칸 뒤에서 A가 Unfortunately, we don't have yoga teachers on staff(안타깝게도, 저희는 요가 강사를 직원으로 두고 있지 않습니다)라고 말하고 있으므로, 빈칸에는 '④ 그럼 수업은 사내 헬스장에서 제공되는 것이 아닌가요?(So are the classes not offered at the company gym?)'가 들어가야 자연스럽다.

해석
A: 안녕하세요. 인사부에 연락해 주셔서 감사합니다. 오늘은 무엇을 도와드릴까요?
B: 직원들이 이용할 수 있는 복지에 대한 정보를 얻고 싶습니다.
A: 좋습니다. 저희는 다양한 보험 프로그램, 의료 및 건강 프로그램, 퇴직 연금 제도를 제공합니다.
B: 의료 및 건강 프로그램에 대해 자세히 알려주실 수 있나요?
A: 물론이죠. 저희는 직원들을 위한 구내 헬스장을 운영하고 있으며, 요가나 필라테스를 배울 기회 또한 제공합니다.
B: 좋은 정보네요. 제가 요가 수업에 관심이 있거든요.
A: 좋네요. 수업료 영수증을 가져오시면, 급여에 포함하여 환급해 드리겠습니다.
B: <u>그럼 수업은 사내 헬스장에서 제공되는 것이 아닌가요?</u>
A: 안타깝게도, 저희는 요가 강사를 직원으로 두고 있지 않습니다. 하지만 원하는 곳 어디든 가셔도 되며 비용은 저희가 지불합니다.

① 저는 화요일 퇴근 후에 수업을 듣고 싶어요.
② 그 비용에 기구 비용도 포함되나요?
③ 시간이 지나면서 많은 비용을 절약시켜 주겠네요.
④ 그럼 수업은 사내 헬스장에서 제공되는 것이 아닌가요?

어휘 HR(= Human Resources) 인사부   benefit 복지, 혜택   insurance 보험   wellness 건강, 안녕   retirement plan 퇴직 연금 제도   onsite 구내의, 현장의   receipt 영수증   reimburse 환급하다, 상환하다   paycheck 급여

표현 PLUS 회사의 인사와 관련된 표현
· **onboarding** 온보딩(신입 사원이 조직 구성원이 되기 위해 필요한 지식, 기술, 행동을 교육하는 과정)
· **compensation** 보상
· **probation period** 수습 기간
· **pay stub** 급여 명세서
· **employee contract** 고용 계약서

●●● 난이도 상   ●●○ 난이도 중   ●○○ 난이도 하

DAY | 04

037 밑줄 친 부분에 들어갈 말로 가장 적절한 것을 고르시오.

> They needed a few days to _____ what choice would be the best for them.

① authenticate
② contemplate
③ contravene
④ legislate

038 밑줄 친 부분에 들어갈 말로 가장 적절한 것을 고르시오.

> Most of those present at the meeting objected to the manager's making _____ remarks about the staff.

① frank
② convincing
③ offensive
④ thoughtful

037 contemplate 심사숙고하다

정답 ②

해석 그들은 어떤 선택이 그들에게 최선일지를 심사숙고할 며칠이 필요했다.
① authenticate 확증하다
② contemplate 심사숙고하다
③ contravene 위반하다
④ legislate 법률을 제정하다

어휘 PLUS contemplate(심사숙고하다)와 유사한 의미의 표현
= consider, ponder, think over, deliberate on

038 offensive 모욕적인

정답 ③

해석 그 회의에 참석한 사람들 대부분은 그 관리자가 직원에 관해 모욕적인 말을 하는 것에 반대했다.
① frank 노골적인
② convincing 설득력 있는
③ offensive 모욕적인
④ thoughtful 사려 깊은

어휘 object to ~에 반대하다   remark 말, 비평

어휘 PLUS offensive(모욕적인)의 유의어
= rude, insulting, disrespectful

DAY | 04

적중 예상 문제

039 밑줄 친 부분에 들어갈 말로 가장 적절한 것은?

> Susan knows a lot about crops and livestock because she was _____ on a farm.

① transported
② approached
③ permitted
④ raised

040 밑줄 친 부분에 들어갈 말로 가장 적절한 것은?

> She knew that resources were running low, so she attempted to _____ what little supplies the company had.

① conserve
② retire
③ waste
④ neglect

039 raise 기르다

정답 ④

해석 Susan은 농장에서 길러졌기 때문에 작물과 가축에 대해 많이 알고 있다.
① transported 옮겨진 ② approached 접촉된
③ permitted 허용된 ④ raised 길러진

어휘 crop 작물, 수확량   livestock 가축

어휘 PLUS raise(기르다)의 유사한 의미의 표현
= rear, nurture, bring up

040 conserve 아끼다

정답 ①

해석 그녀는 자원들이 고갈되고 있다는 것을 알았기 때문에, 회사가 가지고 있었던 얼마 안 되는 물자들을 아끼려고 시도했다.
① conserve 아끼다 ② retire 은퇴하다
③ waste 낭비하다 ④ neglect 무시하다

어휘 run low 고갈되다   attempt 시도하다

어휘 PLUS conserve(아끼다)의 유의어
= preserve, save

DAY | 05

041 밑줄 친 부분에 들어갈 말로 가장 적절한 것을 고르시오.

The _____ piece of evidence that convicted the murderer was remarkably simple: a single fingerprint collected on the victim's phone during the crime scene investigation.

① ideal
② rigid
③ decisive
④ articulate

042 밑줄 친 부분에 들어갈 말로 가장 적절한 것을 고르시오.

The restoration of *The Last Supper* required _____ technical preparation, including chemical cleaning, microscopic mapping, and environmental stabilization inside the convent where the mural is located.

① extensive
② exclusive
③ expressive
④ explosive

043 밑줄 친 부분에 들어갈 말로 가장 적절한 것을 고르시오.

From musical acts and theatrical performances to literature readings and visual media presentations, the festival _____ diverse art forms, so there is something for everyone.

① identifies
② determines
③ encompasses
④ recommends

041 decisive 결정적인   정답 ③

해석 살인자에게 유죄를 선고하게 했던 결정적인 증거는 놀랍도록 단순했는데, 바로 범죄 현장 수사 동안 피해자의 전화기에서 수집된 하나의 지문이었다.

① ideal 이상적인
② rigid 경직된
③ decisive 결정적인
④ articulate 명확히 표현하는

어휘 evidence 증거 convict 유죄를 선고하다 murderer 살인자 remarkably 놀랍도록 fingerprint 지문 crime 범죄 scene 현장 investigation 수사

어휘 PLUS decisive(결정적인)의 유의어
= conclusive, critical, pivotal

042 extensive 광범위한   정답 ①

해석 「최후의 만찬」의 복원은 그 벽화가 위치한 수도원 내부에서 화학적 세정, 미시적인 정밀 지도화 작업, 그리고 환경적 안정화를 포함한 광범위한 기술적 준비를 필요로 했다.

① extensive 광범위한
② exclusive 독점적인
③ expressive 표현적인
④ explosive 폭발적인

어휘 restoration 복원 require 필요로 하다 technical 기술적인 preparation 준비 chemical 화학적인 cleaning 세정 microscopic 미시적인, 현미경을 이용한 mapping 정밀 지도화 작업, 지도 제작 environmental 환경적인 stabilization 안정화 convent 수도원 mural 벽화 locate 위치하다

어휘 PLUS extensive(광범위한)의 유의어
= comprehensive, thorough, elaborate

043 encompass 포함하다   정답 ③

해석 음악 공연과 연극 공연에서부터 문학 낭독과 영상 매체 상영에 이르기까지, 그 축제는 다양한 예술 형식을 포함하기에, 모두를 위한 무언가가 있다.

① identifies 확인하다
② determines 결정하다
③ encompasses 포함하다
④ recommends 추천하다

어휘 theatrical 연극의 literature 문학 diverse 다양한, 다른

어휘 PLUS encompass(포함하다)의 유의어
= include, comprise

044 밑줄 친 부분에 들어갈 말로 가장 적절한 것을 고르시오.

John Samuels
Carolyn is looking for some people to help her with her project.
1:23

Lisa White
_____
1:23

John Samuels
She is in charge of organizing the employee picnic next month.
1:24

Lisa White
I'd love to help with that. I don't have much time now though.
1:24

John Samuels
Maybe there's something small you could do.
1:25

Lisa White
That's true. Every little bit helps. I'll give her a call.
1:25

John Samuels
Great. I'm sure she'll be happy to hear from you.
1:26

① How long has she been with the company?
② Who else is going to be there?
③ When did you talk to her?
④ What is she working on?

044 **What is she working on?** 그녀가 무슨 일을 하고 있는데요?

정답 ④

해설 빈칸 뒤에서 John Samuels가 She is in charge of organizing the employee picnic next month(다음 달 직원 소풍을 준비하는 일을 맡고 있어요)라고 말하고 있으므로, 빈칸에는 '④ 그녀가 무슨 일을 하고 있는데요?(What is she working on?)'가 들어가야 자연스럽다.

해석
> John Samuels: Carolyn은 프로젝트를 도와줄 사람들을 찾고 있어요. (1:23)
> Lisa White: 그녀가 무슨 일을 하고 있는데요? (1:23)
> John Samuels: 다음 달 직원 소풍을 준비하는 일을 맡고 있어요. (1:24)
> Lisa White: 저는 그것을 너무 돕고 싶어요. 하지만 지금은 시간이 많지 않아요. (1:24)
> John Samuels: 어쩌면 당신이 할 수 있는 작은 일이 있을지도 몰라요. (1:25)
> Lisa White: 맞아요. 작은 것이라도 다 도움이 되죠. 제가 그녀에게 전화해 볼게요. (1:25)
> John Samuels: 좋아요. 그녀가 당신에게 연락을 받고 분명 기뻐할 거예요. (1:26)

① 그녀는 회사에 얼마나 오래 있었나요?
② 누가 또 거기에 갈 예정인가요?
③ 그녀에게 언제 얘기했나요?
④ 그녀가 무슨 일을 하고 있는데요?

어휘 be in charge of ~을 맡고 있다, ~을 담당하다 organize 준비하다, 조직하다 Every little bit helps. 작은 것이라도 다 도움이 된다.

표현 PLUS 사내 행사와 관련된 표현
- workshop 연수회
- awards ceremony 시상식
- retirement party 은퇴 기념 파티
- networking night 교류의 밤
- fundraising event 모금 행사

DAY | 05

045 밑줄 친 부분에 들어갈 말로 가장 적절한 것을 고르시오.

> When critics mocked her unconventional designs, fellow designers expressed _____ for her, knowing how isolating it feels to challenge an industry driven by conformity.

① hostility
② empathy
③ disbelief
④ irritation

046 두 사람의 대화 중 가장 자연스러운 것은?

① A: Would you mind if I borrowed your hammer?
　B: Right, I returned it to you last week.

② A: I thought you had baseball practice.
　B: We ended up winning.

③ A: This novel is a real page-turner.
　B: I know. How far have you gotten?

④ A: I really admire your unique sense of style.
　B: You can learn about the dress code in the employee manual.

045 empathy 공감

정답 ②

해석 비평가들이 그녀의 틀에 박히지 않은 디자인을 조롱했을 때, 동료 디자이너들은 순응에 지배된 업계에 맞서는 일이 얼마나 고립감을 느끼게 하는지 알기 때문에 그녀에게 공감을 표했다.

① hostility 적대감
② empathy 공감
③ disbelief 불신
④ irritation 짜증

어휘 critic 비평가 mock 조롱하다 unconventional 틀에 박히지 않는 fellow 동료 express 표하다 industry 산업 conformity 순응

어휘 PLUS empathy(공감)의 유의어
= compassion, understanding

046 I know. How far have you gotten? 맞아. 너 어디까지 읽었어?

정답 ③

해설 ③번에서 A는 소설이 흥미진진하다며 칭찬하고 있으므로, A의 말에 동의하며 소설을 어디까지 읽었는지 묻는 B의 대답 I know. How far have you gotten?(맞아. 너 어디까지 읽었어?)은 자연스럽다.

해석
① A: 내가 네 망치를 좀 빌려도 될까?
   B: 맞아, 나는 지난주에 그것을 너에게 돌려줬어.
② A: 나는 네가 야구 연습이 있다고 생각했어.
   B: 우리는 결국 이기게 됐어.
③ A: 이 소설은 정말 흥미진진한 책이야.
   B: 맞아. 너 어디까지 읽었어?
④ A: 나는 너의 독특한 패션 감각을 정말 높이 평가해.
   B: 너는 복장 규정을 직원 안내서에서 확인할 수 있어.

어휘 end up 결국 ~하게 되다 page-turner 흥미진진한 책 admire 높이 평가하다 dress code 복장 규정 manual 안내서, 설명서

표현 PLUS 어떤 것에 대한 감상을 이야기할 때 쓸 수 있는 표현
· The soccer game last night was a real barn burner. 어젯밤의 축구 경기는 정말 흥미진진했다.
· The movie kept the audience on the edge of their seats. 그 영화는 관람객들을 아주 열광하게 했다.
· The upcoming episode will be a real cliff-hanger. 다가오는 에피소드는 손에 땀을 쥐게 할 것이다.

DAY | 05

047 밑줄 친 부분에 들어갈 말로 가장 적절한 것을 고르시오.

> During the World Cup soccer match, it was possible to hear the _____ fans cheering for their teams even if you were standing one kilometer from the stadium.

① aggressive
② beneficial
③ lively
④ passive

048 밑줄 친 부분에 들어갈 말로 가장 적절한 것을 고르시오.

> Winning the contract over its longtime competitor was an unexpected _____ for the company.

① sincerity
② interval
③ accomplishment
④ succession

047　lively 활기 넘치는

정답 ③

해석　월드컵 축구 경기 중에는, 당신이 경기장으로부터 1킬로미터 밖에 서 있더라도 자신들의 팀을 응원하는 활기 넘치는 팬들의 소리를 듣는 게 가능하다.

① aggressive 공격적인　　② beneficial 유리한
③ lively 활기 넘치는　　④ passive 소극적인

어휘　cheer 응원하다　stadium 경기장

어휘 PLUS　lively(활기 넘치는)의 유의어
= exuberant, excited, energetic, enthusiastic

048　accomplishment 성과

정답 ③

해석　오랜 경쟁사를 제치고 그 계약을 따낸 것은 그 회사로서는 예기치 않은 성과였다.

① sincerity 성실　　② interval 간격
③ accomplishment 성과　　④ succession 연속

어휘　win (계약을) 따다, 이기다　contract 계약, 협약; 수축하다　unexpected 예기치 않은, 뜻밖의

어휘 PLUS　accomplishment(성과)의 유의어
= triumph, achievement, feat, attainment

DAY | 05

적중 예상 문제

049 밑줄 친 부분에 들어갈 말로 가장 적절한 것을 고르시오.

> The earthquake severely _____ communication networks and emergency response systems throughout southern Türkiye, which left emergency crews unable to carry out rescue efforts efficiently.

① disrupted
② strengthened
③ intimidated
④ reinforced

050 밑줄 친 부분에 들어갈 말로 가장 적절한 것을 고르시오.

> Excessive reliance on streaming algorithms may gradually _____ musical diversity, since these systems often prioritize familiarity over novelty in meeting listener preferences.

① foster
② promote
③ amplify
④ undermine

● ○ ○

049 disrupt 방해하다   정답 ①

해석 지진은 튀르키예 남부 전체에 걸쳐 통신 네트워크들과 응급 대응 시스템을 심각하게 방해했으며, 이는 구급대원들이 구조 노력을 효율적으로 수행할 수 없게 만들었다.

① disrupted 방해했다   ② strengthened 강화했다
③ intimidated 위협했다   ④ reinforced 보강했다

어휘 earthquake 지진 severely 심각하게 emergency 응급 response 대응 throughout ~의 전체에 걸쳐 southern 남부의
crew 대원 carry out 수행하다 rescue 구조 efficiently 효율적으로

어휘 PLUS disrupt(방해하다)의 유의어
= damage, interrupt, cripple

● ● ○

050 undermine 약화시키다   정답 ④

해석 스트리밍 알고리즘에 대한 과도한 의존은 음악적 다양성을 점진적으로 약화시킬 수 있는데, 이는 이러한 시스템들이 종종 청취자의 선호도를 만족시키는 것에 있어 새로움보다는 친숙함을 우선시하는 경우가 많기 때문이다.

① foster 촉진하다   ② promote 증진하다
③ amplify 증폭시키다   ④ undermine 약화시키다

어휘 excessive 과도한 reliance 의존 algorithm 알고리즘(입력된 자료를 토대로 원하는 출력을 유도해내는 규칙의 집합)
gradually 점진적으로 diversity 다양성 prioritize 우선시하다 familiarity 친숙함 novelty 새로움 preference 선호도

어휘 PLUS undermine(약화시키다)의 유의어
= weaken, erode, diminish

●●● 난이도 상   ●●○ 난이도 중   ●○○ 난이도 하

DAY | 06

051 밑줄 친 부분에 들어갈 말로 가장 적절한 것을 고르시오.

> Wanting to provide her guests with a special experience they would remember for years to come, Katherine planned a _____ dinner party featuring a five-course meal, fine wines, and professionally trained wait staff.

① narrow
② lavish
③ brief
④ valid

052 밑줄 친 부분에 들어갈 말로 가장 적절한 것을 고르시오.

> Careful proofreading should _____ publication to prevent factual errors and misinterpretations, thereby ensuring that the final work reflects both the author's intent and the standards of professional accuracy.

① facilitate
② precede
③ initiate
④ influence

053 다음 밑줄 친 부분과 의미가 가장 가까운 것을 고르시오.

> Her friend was sworn to secrecy about the surprise party and could not talk about it <u>out loud</u>.

① thoroughly
② accidentally
③ audibly
④ forcefully

051 lavish 호화로운   정답 ②

해석 손님들이 향후 몇 년간 기억할 만한 특별한 경험을 제공하고 싶어서, Katherine은 5코스 식사, 고급 와인, 전문적으로 교육받은 종업원을 갖춘 <u>호화로운</u> 만찬회를 계획했다.

① narrow 좁은 ② lavish 호화로운
③ brief 간단한 ④ valid 타당한

어휘 fine 고급의, 우수한, 미세한 professionally 전문적으로 wait staff 종업원

어휘 PLUS lavish(호화로운)의 유의어
= luxurious, extravagant, deluxe, abundant

052 precede 앞서다   정답 ②

해석 사실에 관한 오류나 오역을 방지하기 위해 꼼꼼한 교정이 출판에 <u>앞서야</u> 하며, 그렇게 함으로써 최종 결과물이 저자의 의도와 전문적 정확성의 기준을 모두 반영하도록 보장한다.

① facilitate 촉진하다 ② precede 앞서다
③ initiate 시작하다 ④ influence 영향을 주다

어휘 proofreading 교정 publication 출판 prevent 방지하다 factual 사실에 관한 misinterpretation 오역, 오해 reflect 반영하다 intent 의도 standard 기준 accuracy 정확성

어휘 PLUS precede(앞서다)의 유의어
= predate, take place prior to, come before

053 out loud 소리 내어 (= audibly)   정답 ③

해석 그녀의 친구는 깜짝 파티에 대한 비밀을 지킬 것을 맹세해서 그것에 대해 <u>소리 내어</u> 말할 수 없었다.

① thoroughly 철저하게 ② accidentally 우연히
③ audibly 들리도록 ④ forcefully 격렬하게

어휘 swear someone to secrecy ~에게 비밀을 지킬 것을 맹세시키다

어휘 PLUS out loud(소리 내어)의 유의어
= aloud, vocally

DAY | 06

054 밑줄 친 부분에 들어갈 말로 가장 적절한 것을 고르시오.

Todd Stearns
Do you know what the training session will be about on Saturday morning?
9:15

Jen Barker
_____
9:15

Todd Stearns
That's good. I've been having trouble logging out since it was installed.
9:16

Jen Barker
Me too! I thought I was doing something wrong.
9:17

Todd Stearns
I understand that feeling. Hopefully, they'll give us some tips to make it easier to use.
9:18

Jen Barker
Exactly. It's not really easy to figure out by ourselves.
9:18

Todd Stearns
I guess that's why they've scheduled the training session.
9:20

① I think it starts at 9 a.m.
② Oh. I won't be in town next weekend.
③ It'll probably be in the main conference room.
④ They'll teach us to use the new security system.

054 They'll teach us to use the new security system.

정답 ④

그들이 우리에게 새 보안 시스템을 사용하는 방법을 가르쳐줄 거예요.

해설 빈칸 앞에서 Todd Stearns가 Do you know what the training session will be about on Saturday morning(토요일 아침에 있을 교육 시간이 무엇에 관한 것인지 아시나요)이라고 말하고 있으므로, 빈칸에는 '④ 그들이 우리에게 새 보안 시스템을 사용하는 방법을 가르쳐줄 거예요(They'll teach us to use the new security system)'가 들어가야 자연스럽다.

해석
> Todd Stearns: 토요일 아침에 있을 교육 시간이 무엇에 관한 것인지 아시나요? (9:15)
> Jen Barker: 그들이 우리에게 새 보안 시스템을 사용하는 방법을 가르쳐줄 거예요. (9:15)
> Todd Stearns: 좋네요. 그 시스템이 설치된 이후로 로그아웃하는 데 어려움을 겪고 있었어요. (9:16)
> Jen Barker: 저도요! 제가 뭔가 잘못하고 있다고 생각했어요. (9:17)
> Todd Stearns: 그 기분 이해해요. 그들이 우리에게 더 쉽게 사용할 수 있는 팁을 주면 좋겠네요. (9:18)
> Jen Barker: 맞아요. 우리 스스로 알아내는 게 그렇게 쉽지가 않네요. (9:18)
> Todd Stearns: 아마 그래서 그들이 교육 시간을 계획한 것 같아요. (9:20)

① 오전 9시에 시작하는 것 같아요.
② 오. 저는 다음 주말에 도시에 없을 거예요.
③ 그것은 아마 대회의실에서 열릴 거예요.
④ 그들이 우리에게 새 보안 시스템을 사용하는 방법을 가르쳐줄 거예요.

어휘 have trouble (in) -ing ~하는 데 어려움을 겪다 install 설치하다 figure out 알아내다, 이해하다
by oneself 스스로, 혼자

표현 PLUS 사내 교육과 관련된 표현
· compliance training 규정 준수 교육
· software training 소프트웨어 교육
· leadership development 리더십 개발
· project management training 프로젝트 관리 교육
· workplace safety training 직장 안전 교육

055 밑줄 친 부분에 들어갈 말로 가장 적절한 것을 고르시오.

> A: Do you mind being seated at the bar?
> B: Actually, we were hoping for a table by the window.
> A: _____.
> B: In that case, we'll have to come back another day.
> A: I'm sorry about that. Friday is our busiest night.
> B: Thanks. We'll keep that in mind.

① I'm afraid I've mixed up your order
② OK, but it'll be at least a 45-minute wait
③ We have several tables open, however
④ Sure, right this way

056 밑줄 친 부분에 들어갈 말로 가장 적절한 것을 고르시오.

> Recent archaeological discoveries often _____ our understanding of ancient civilizations, as excavations have uncovered burial practices that contradict previously accepted theories regarding social hierarchies.

① establish ② revolutionize
③ perpetuate ④ trivialize

055 OK, but it'll be at least a 45-minute wait. 알겠습니다, 하지만 최소 45분의 대기가 있을 것입니다. 정답 ②

해설 창가 쪽 테이블에 앉고 싶다는 B의 말에 A가 대답한 후, 빈칸 뒤에서 다시 B가 In that case, we'll have to come back another day (그렇다면, 저희는 다른 날 다시 와야겠네요)라고 말하고 있으므로, 빈칸에는 '② 알겠습니다, 하지만 최소 45분의 대기가 있을 것입니다(OK, but it'll be at least a 45-minute wait)'가 들어가야 자연스럽다.

해석
> A: 카운터 자리에 앉아도 괜찮으신가요?
> B: 사실, 저희는 창가 쪽 테이블에 앉고 싶어요.
> A: 알겠습니다, 하지만 최소 45분의 대기가 있을 것입니다.
> B: 그렇다면, 저희는 다른 날 다시 와야겠네요.
> A: 죄송합니다. 금요일은 저희가 가장 바쁜 밤이거든요.
> B: 감사해요. 명심할게요.

① 죄송하지만 제가 당신의 주문을 혼동한 것 같습니다
② 알겠습니다, 하지만 최소 45분의 대기가 있을 것입니다
③ 하지만, 저희는 비어 있는 테이블이 몇 개 있습니다
④ 물론이죠, 바로 이쪽입니다

어휘 keep in mind 명심하다 mix up ~을 혼동하다, 착각하다 open 비어 있는

표현 PLUS 식당에서 쓸 수 있는 표현
· What are your specials? 이곳의 특선 요리가 뭔가요?
· How would you like your steak? 스테이크 굽기는 어떻게 해드릴까요?
· A table for three, please. 세 사람이 앉을 자리로 부탁해요.

056 revolutionize 급격한 변화를 가져오다 정답 ②

해석 최근의 고고학적 발견들은 종종 고대 문명들에 대한 우리의 이해에 급격한 변화를 가져오는데, 이는 발굴 작업들이 사회적 계급 제도에 관한 이전에 받아들여지던 이론들과 모순되는 매장 관습들을 발견해 왔기 때문이다.

① establish 설립하다
② revolutionize 급격한 변화를 가져오다
③ perpetuate 지속시키다
④ trivialize 하찮게 여기다

어휘 archaeological 고고학적인 discovery 발견 civilization 문명 excavation 발굴 uncover 발견하다 burial 매장 practice 관습 contradict 모순되다 hierarchy 계급 제도

어휘 PLUS revolutionize(급격한 변화를 가져오다)의 유의어
= transform, reshape, redefine

057 밑줄 친 부분에 들어갈 말로 가장 적절한 것을 고르시오.

> As workplaces adopt AI tools, companies are investing in training programs aimed at _____ the skill gap between digitally proficient employees and those struggling to adapt.

① widening
② bridging
③ employing
④ ignoring

058 다음 빈칸에 들어갈 말로 가장 적절한 것은?

> One of the best ways to get relief from sunburn is to use aloe vera, which will help _____ the pain.

① aggravate
② dispute
③ rouse
④ alleviate

057 bridge 메우다

정답 ②

해석 업무 현장에서 AI 도구들을 채택하면서, 기업들은 디지털에 능한 직원들과 적응하는 데 애쓰고 있는 직원들 사이의 격차를 <u>메우는 것</u>을 목표로 한 교육 프로그램에 투자하고 있다.

① widening 넓히는 것
② bridging 메우는 것
③ employing 이용하는 것
④ ignoring 무시하는 것

어휘 adopt 채택하다   invest in ~에 투자하다   gap 격차   proficient 능한, 능숙한   adapt 적응하다

어휘 PLUS bridge(메우다)의 유의어
= close, reduce, narrow

058 alleviate 완화하다

정답 ④

해석 햇볕으로 입은 화상을 완화하는 가장 좋은 방법들 중 하나는 알로에 베라를 사용하는 것인데, 이는 통증을 <u>완화하는</u> 데 도움이 될 것이다.

① aggravate 악화시키다
② dispute 반박하다
③ rouse 깨우다
④ alleviate 완화하다

어휘 relief 완화, 경감   sunburn 햇볕으로 입은 화상

어휘 PLUS alleviate(완화하다)의 유의어
= ease, relieve, assuage, soothe, allay, lessen

DAY | 06

적중 예상 문제

059 밑줄 친 부분에 들어갈 말로 가장 적절한 것을 고르시오.

> He wasn't sure exactly what would _____ when he saw the angry customer enter the store, but he didn't think it would be good.

① fade
② persist
③ collapse
④ occur

060 밑줄 친 부분에 들어갈 말로 가장 적절한 것을 고르시오.

> To build excitement for the product launch, the company is looking for _____ staff to join the marketing team.

① timid
② reluctant
③ neutral
④ enthusiastic

059 occur 발생하다

정답 ④

해석 그는 화가 난 고객이 가게에 들어오는 것을 보았을 때 정확히 어떤 일이 발생할지 확신하지는 못했지만, 그것이 좋을 것이라고 생각하지는 않았다.

① fade 희미해지다
② persist 지속되다
③ collapse 무너지다
④ occur 발생하다

어휘 PLUS occur(발생하다)의 유의어
= transpire, happen, arise

060 enthusiastic 열정적인

정답 ④

해석 제품 출시에 대한 기대감을 형성하기 위해, 그 회사는 마케팅 부서에 합류할 열정적인 직원을 찾고 있다.

① timid 소심한
② reluctant 주저하는
③ neutral 중립적인
④ enthusiastic 열정적인

어휘 launch 출시, 개시   staff 직원

어휘 PLUS enthusiastic(열정적인)의 유의어
= passionate, ardent, zealous, spirited

DAY | 07

061 밑줄 친 곳에 공통으로 들어갈 단어로 가장 적절한 것은?

- He wanted to stop depending on his parents for money and stand on his own _____.
- The board of directors got cold _____ at the last minute and stopped the merger.

① feet
② head
③ path
④ case

062 밑줄 친 부분에 들어갈 말로 가장 적절한 것을 고르시오.

The groundbreaking artifact recovered at the ancient ruins was partly made from a unique mineral that was _____ unknown.

① temporarily
② regrettably
③ officially
④ previously

061 stand on one's own feet 자립하다 | get cold feet 갑자기 초조해지다

정답 ①

해석
- 그는 부모님의 돈에 의존하는 것을 그만두고 자립하고 싶었다.
- 이사회는 마지막 순간에 갑자기 초조해져서 합병을 중단했다.

어휘 depend on ~에 의존하다   board of directors 이사회   merger 합병

표현 PLUS
stand on one's own feet(자립하다)와 유사한 의미의 표현
= be independent, act independently, take care of oneself

get cold feet(갑자기 초조해지다)와 유사한 의미의 표현
= become nervous, get scared

062 previously 이전에

정답 ④

해석 고대 유적에서 찾아낸 그 기념비적인 유물은 부분적으로는 이전에 알려지지 않았던 특이한 광물로 만든 것이었다.
① temporarily 일시적으로　② regrettably 유감스럽게
③ officially 공식적으로　④ previously 이전에

어휘 groundbreaking 기념비적인, 획기적인   artifact 유물, 공예품   recover 찾아내다, 회복하다   ruins 유적   partly 부분적으로, 어느 정도는   mineral 광물, 무기물

어휘 PLUS
previously(이전에)의 유의어
= formerly, earlier, hitherto

DAY | 07

063 밑줄 친 부분에 들어갈 말로 가장 적절한 것을 고르시오.

> A: Hello, Sandra speaking.
> B: Hi, is this the customer service department?
> A: _____
> B: Oh, do you happen to know the correct number?
> A: Let me see. You dialed 14, but you wanted 41.
> B: My mistake. Thanks for your help.

① There wasn't one when I last checked.
② Yes, I work in customer service.
③ You must have recently changed your number.
④ It seems you dialed the wrong extension.

064 밑줄 친 부분에 들어갈 말로 가장 적절한 것을 고르시오.

> Digital technology has made medical information significantly more _____ to patients, allowing them to research health conditions, track personal metrics, and communicate with healthcare providers online.

① tedious
② feasible
③ genuine
④ accessible

063　It seems you dialed the wrong extension. 당신은 잘못된 내선 번호에 전화를 거신 것 같네요.　　정답 ④

해설　자신이 전화한 곳이 고객 서비스 부서가 맞는지 묻는 B의 질문에 대한 A의 대답 후, 빈칸 뒤에서 다시 B가 Oh, do you happen to know the correct number?(아, 혹시 올바른 번호를 알고 계시나요?)라고 말하고 있으므로, 빈칸에는 '④ 당신은 잘못된 내선 번호에 전화를 거신 것 같네요(It seems you dialed the wrong extension)'가 들어가야 자연스럽다.

해석
> A: 여보세요, Sandra입니다.
> B: 여보세요, 거기가 고객 서비스 부서가 맞나요?
> A: <u>당신은 잘못된 내선 번호에 전화를 거신 것 같네요.</u>
> B: 아, 혹시 올바른 번호를 알고 계시나요?
> A: 잠시만요. 14번에 전화를 거셨는데, 41번에 걸려고 하셨네요.
> B: 제가 착각했네요. 도와주셔서 감사합니다.

① 제가 마지막으로 확인했을 때는 없었습니다.
② 네, 저는 고객 서비스 부서에서 일합니다.
③ 당신은 최근에 번호를 바꾼 것이 분명합니다.
④ 당신은 잘못된 내선 번호에 전화를 거신 것 같네요.

어휘　dial 전화를 걸다　extension 내선 번호, 구내전화

표현 PLUS　전화할 때 쓸 수 있는 표현
- You've got the wrong number. 전화 잘못 거셨어요.
- I'll call back later. 나중에 제가 다시 전화할게요.
- Can I take a message? 제가 메모 남겨드릴까요?

064　accessible 접근 가능한　　정답 ④

해석　디지털 기술은 의료 정보를 환자들에게 상당히 더 <u>접근 가능하게</u> 만들어 왔으며, 그들이 건강 상태들을 조사하고, 개인적인 측정 지표들을 추적하고, 온라인으로 의료 서비스 제공자들과 소통할 수 있게 허용해 왔다.

① tedious 지루한　　② feasible 실현 가능한
③ genuine 진짜의　　④ accessible 접근 가능한

어휘　track 추적하다　metric 측정 지표　communicate 소통하다　provider 제공자

어휘 PLUS　accessible(접근 가능한)의 유의어
= available, obtainable, within reach, attainable

DAY | 07

065 밑줄 친 부분에 들어갈 말로 가장 적절한 것을 고르시오.

Maria Santos
The company just announced that the year-end party will be held next month on the 10th. Are you going to go?
10:04 a.m.

 Kevin Culkin
Oh, yes. The party is my favorite event of the year. It's always so much fun.
10:05 a.m.

Maria Santos
It's mine too. I love hanging out with everyone outside of work and celebrating the end of the year. There's always so much good food and entertainment too.
10:07 a.m.

 Kevin Culkin

10:08 a.m.

Maria Santos
That would be great. It's supposed to start at 7 p.m.
10:09 a.m.

 Kevin Culkin
I'll pick you up at 6:30 then.
10:10 a.m.

① Would you like to go together?
② Do you know who is performing this year?
③ Where are they going to hold it?
④ Who is in charge of organizing the event?

065 Would you like to go together? 같이 가실래요?

정답 ①

해설 빈칸 뒤에서 Maria Santos가 That would be great. It's supposed to start at 7 p.m.(그러면 좋죠. 오후 7시에 시작할 예정이에요)이라고 대답하고, 대화 마지막에서 Kevin Culkin이 I'll pick you up at 6:30 then(그럼 6시 30분에 데리러 갈게요)이라고 말하고 있으므로, 빈칸에는 '① 같이 가실래요?(Would you like to go together?)'가 들어가야 자연스럽다.

해석

> Maria Santos: 회사에서 다음 달 10일에 송년회를 개최한다고 방금 공지했어요. 가실 건가요? (오전 10:04)
> Kevin Culkin: 오, 네. 송년회는 제가 가장 좋아하는 연중행사예요. 항상 정말 재미있어요. (오전 10:05)
> Maria Santos: 그건 저도 그래요. 저는 회사 밖에서 모두와 함께 시간을 보내고 연말을 축하하는 것을 좋아해요. 항상 좋은 음식과 즐길 거리도 많아요. (오전 10:07)
> Kevin Culkin: 같이 가실래요? (오전 10:08)
> Maria Santos: 그러면 좋죠. 오후 7시에 시작할 예정이에요. (오전 10:09)
> Kevin Culkin: 그럼 6시 30분에 데리러 갈게요. (오전 10:10)

① 같이 가실래요?
② 올해 누가 공연하는지 아세요?
③ 어디에서 그것을 개최하나요?
④ 행사 준비는 누가 담당하나요?

어휘 announce 공지하다, 발표하다 year-end party 송년회 hang out with ~와 함께 시간을 보내다
be supposed to do ~할 예정이다, ~하기로 되어 있다 be in charge of ~을 담당하다, ~에 책임이 있다 organize 준비하다, 조직하다

표현 PLUS 제안할 때 쓸 수 있는 표현
· How about we ~? 우리 ~하는 게 어때요?
· What do you think about ~? ~에 대해 어떻게 생각하시나요?
· Why don't we ~? 우리 ~하지 않을래요?
· Would it be okay if we ~? 우리 ~해도 괜찮을까요?

DAY | 07

066 밑줄 친 부분에 들어갈 말로 가장 적절한 것을 고르시오.

> Roger was quite _____ for his age. He could still outplay men half as old as him on the basketball court.

① nosy
② solemn
③ nimble
④ clumsy

067 밑줄 친 부분에 들어갈 말로 가장 적절한 것을 고르시오.

> When the restaurant ran out of chicken during the dinner rush, they quickly offered grilled salmon, providing a delicious _____ for customers seeking a protein-based meal option.

① ingredient
② alternative
③ combination
④ portion

068 밑줄 친 부분에 들어갈 말로 가장 적절한 것을 고르시오.

> He tirelessly devoted many years to _____ rare and complex diseases through innovative experimental medical research, thereby saving many people's lives.

① analyzing
② curing
③ detecting
④ spreading

066 nimble 민첩한   정답 ③

해석 Roger는 그의 나이에 비해 꽤 <u>민첩했다</u>. 그는 농구 코트에서 나이가 그의 절반 정도 되는 사람들을 여전히 압도할 수 있었다.
① nosy 참견하기 좋아하는
② solemn 근엄한
③ nimble 민첩한
④ clumsy 서투른

어휘 outplay 압도하다, ~보다 훨씬 더 잘하다

어휘 PLUS nimble(민첩한)의 유의어
= agile, deft, limber

067 alternative 대안   정답 ②

해석 그 레스토랑이 바쁜 저녁의 혼잡 시간 동안 닭고기가 다 떨어졌을 때, 그들은 구운 연어를 빠르게 제공하여, 단백질 기반의 식단 선택지를 찾는 고객들에게 맛있는 <u>대안</u>을 제공했다.
① ingredient 재료
② alternative 대안
③ combination 조합
④ portion 부분

어휘 run out of ~이 다 떨어지다, 다 써버리다   rush 혼잡 시간   offer 제공하다   grilled 구운   salmon 연어   seek 찾다   protein-based 단백질 기반의   option 선택지

어휘 PLUS alternative(대안)의 유의어
= substitute, replacement, option

068 cure 치료하다   정답 ②

해석 그는 혁신적인 실험적 의학 연구를 통해 희귀하고 복잡한 질병들을 <u>치료하는 것</u>에 수년간 지칠 줄 모르고 전념하여, 많은 사람들의 생명을 구했다.
① analyzing 분석하는 것
② curing 치료하는 것
③ detecting 탐지하는 것
④ spreading 퍼뜨리는 것

어휘 tirelessly 지칠 줄 모르고   devote 전념하다, 몰두하다   rare 희귀한   complex 복잡한   disease 질병   innovative 혁신적인   experimental 실험적인

어휘 PLUS cure(치료하다)의 유의어
= heal, treat, alleviate

DAY | 07

적중 예상 문제

069 밑줄 친 부분에 들어갈 말로 가장 적절한 것을 고르시오.

> The airline has an excellent reputation for _____ departures and arrivals, making it the preferred choice for business travelers with tight schedules.

① prestigious
② spacious
③ punctual
④ hospitable

070 밑줄 친 부분에 들어갈 말로 가장 적절한 것을 고르시오.

> Residents of the apartment complex want the owner of the property to install new security cameras in an attempt to _____ the recent growth of robberies in the community.

① deduce
② supplement
③ highlight
④ curtail

●○○

069 punctual 시간을 지키는   정답 ③

해석   그 항공사는 <u>시간을 지키는</u> 출발과 도착에 대해 뛰어난 평판을 가지고 있어서, 빽빽한 일정을 가진 비즈니스 여행자들에게 선호되는 선택이 되고 있다.

① prestigious 명망 있는   ② spacious 넓은
③ punctual 시간을 지키는   ④ hospitable 환대하는

어휘   excellent 뛰어난   reputation 평판, 명성   departure 출발   arrival 도착   tight 빽빽한, 꽉 조이는

어휘 PLUS   punctual(시간을 지키는)과 유사한 의미의 표현
= on time, prompt, on the dot

●●○

070 curtail 줄이다   정답 ④

해석   그 아파트 단지의 주민들은 최근 단지 내에서의 도난 사건의 증가를 <u>줄이기</u> 위한 시도로 그 건물의 소유주가 새 감시 카메라들을 설치해 주기를 원한다.

① deduce 추론하다   ② supplement 보충하다
③ highlight 강조하다   ④ curtail 줄이다

어휘   resident 주민   apartment complex 아파트 단지   property 건물, 재산, 부동산   security camera 감시 카메라
robbery 도난, 강도 (사건)

어휘 PLUS   curtail(줄이다)의 유의어
= reduce, lessen, diminish, decrease

DAY | 08

071 밑줄 친 부분에 들어갈 말로 가장 적절한 것을 고르시오.

Kate Anderson
Good morning. I was wondering what I need to prepare before the company health checkup next week.
2:45

 Jim Henson
_____
2:45

Kate Anderson
That's easy. Should I pick it up at the HR office?
2:46

 **Jim Henson**
I'll email it to you, and you can fill it out and send it back by the end of the week.
2:47

Kate Anderson
What if I want to pay for extra tests?
2:48

 **Jim Henson**
There's a section on the form for that. Additional payments will be taken out from your next paycheck.
2:49

Kate Anderson
OK. Thanks for your help.
3:00

① The instructions are on the clinic's website.
② Everything seems to be in order.
③ You just need to fill out a form.
④ There's a hospital around the corner.

071 You just need to fill out a form. 양식만 작성하시면 됩니다.

정답 ③

해설 빈칸 뒤에서 Kate Anderson이 That's easy. Should I pick it up at the HR office(쉽네요. 인사부 사무실에서 수령해야 할까요)라고 말한 후, 이어서 Jim Henson이 I'll email it to you, and you can fill it out and send it back by the end of the week(제가 이메일로 보내드리면, 이번 주 금요일까지 작성해서 다시 보내주시면 됩니다)라고 말하고 있으므로, 빈칸에는 '③ 양식만 작성하시면 됩니다(You just need to fill out a form)'가 들어가야 자연스럽다.

해석

> Kate Anderson: 안녕하세요. 다음 주에 있을 회사 건강검진 전에 제가 무엇을 준비해야 하는지 궁금합니다. (2:45)
> Jim Henson: <u>양식만 작성하시면 됩니다.</u> (2:45)
> Kate Anderson: 쉽네요. 인사부 사무실에서 수령해야 할까요? (2:46)
> Jim Henson: 제가 이메일로 보내드리면, 이번 주 금요일까지 작성해서 다시 보내주시면 됩니다. (2:47)
> Kate Anderson: 추가 검사 비용을 지불하고 싶으면 어떻게 해야 하나요? (2:48)
> Jim Henson: 양식에 해당 항목이 있어요. 추가 비용은 다음번 급여에서 빠져나가게 됩니다. (2:49)
> Kate Anderson: 알겠습니다. 도와주셔서 감사합니다. (3:00)

① 병원 웹사이트에 안내 사항이 있습니다.
② 모든 것이 제대로 되어 있는 것 같습니다.
③ 양식만 작성하시면 됩니다.
④ 모퉁이를 돌면 병원이 있습니다.

어휘 health checkup 건강검진 additional 추가의 payment 비용 paycheck 급여 clinic 병원 in order 제대로 된, 적절한

표현 PLUS 건강검진과 관련된 표현
· screening 검사, 검진
· blood test 혈액 검사
· urine test 소변 검사
· vaccination 예방 접종
· follow-up appointment 다음번 예약

072 밑줄 친 부분에 들어갈 말로 가장 적절한 것을 고르시오.

> After rigorous testing and final approvals, the _____ of the newly upgraded storm drainage system ensured that neighborhoods remained safe and flood-free during heavy rainfall.

① destruction
② completion
③ elimination
④ contamination

073 밑줄 친 부분에 들어갈 말로 가장 적절한 것을 고르시오.

> Prototypes of next-generation smartphones are being designed with _____ displays that project information without obstructing the user's view of the world beyond the screen.

① blank
② essential
③ transparent
④ static

074 밑줄 친 부분에 들어갈 말로 가장 적절한 것을 고르시오.

> Following President Kennedy's passing in 1963, the _____ in the presidency was immediately filled by Vice President Lyndon B. Johnson under constitutional succession.

① legacy
② shift
③ transition
④ vacancy

072 completion 완성 정답 ②

해석 엄격한 시험과 최종 승인 후에, 새로 업그레이드된 폭풍우 배수 시스템의 <u>완성</u>은 집중호우 동안 인근 지역들이 안전하고 홍수가 없는 상태로 남아 있는 것을 보장했다.

① destruction 파괴
② completion 완성
③ elimination 제거
④ contamination 오염

어휘 rigorous 엄격한   approval 승인   drainage 배수   neighborhood 인근 지역, 이웃   remain 남아 있다   safely 안전하게

어휘 PLUS completion(완성)의 유의어
= conclusion, end, finishing

073 transparent 투명한 정답 ③

해석 차세대 스마트폰의 시제품들은 화면 너머 세계에 대한 사용자의 시야를 방해하지 않고 정보를 투사하는 <u>투명한</u> 디스플레이로 설계되고 있다.

① blank 빈
② essential 필수적인
③ transparent 투명한
④ static 정적인

어휘 prototype 시제품   project 투사하다, 비추다   obstruct 방해하다   view 시야   beyond 너머

어휘 PLUS transparent(투명한)의 유의어
= see-through, clear, translucent

074 vacancy 공석 정답 ④

해석 1963년 케네디 대통령의 죽음 이후에, 대통령직의 <u>공석</u>은 헌법적 승계 아래 린든 B. 존슨 부통령에 의해 즉시 채워졌다.

① legacy 유산
② shift 이동
③ transition 전환
④ vacancy 공석

어휘 passing 죽음   presidency 대통령직   fill 채우다   constitutional 헌법적인   succession 승계

어휘 PLUS vacancy(공석)의 유의어
= opening, position, job

075 밑줄 친 부분에 들어갈 말로 가장 적절한 것을 고르시오.

> A: The sales meeting this afternoon will take place in the 2nd-floor conference room.
> B: Thanks for letting me know. I will be there.
> A: Great. Did you finish putting together the handouts for the presentation?
> B: Yes. I completed them this morning. I'm actually about to go and print them out.
> A: Please wait. I want to make some changes to the data in the handouts.
> B: OK. Can you get it to me soon?
> A: _____
> B: Perfect. I'll check it and then print everything out.

① No. I don't think it's important.
② No. It won't take you that long.
③ Yes. I'll email it to you now.
④ Yes. It will be the same as before.

076 밑줄 친 부분과 의미가 가장 가까운 것은?

> When Julia couldn't fall asleep, she began watching a movie, only to be unable to grasp what was happening on the screen.

① give credit to
② take care of
③ make sense of
④ give rise to

075 Yes. I'll email it to you now. 네. 지금 이메일로 보내드릴게요.

정답 ③

해설 빈칸 앞에서 B가 Can you get it to me soon(금방 제게 주실 수 있나요)이라고 묻고 있으므로, 빈칸에는 '③ 네. 지금 이메일로 보내드릴게요(Yes. I'll email it to you now)'가 들어가야 자연스럽다.

해석
> A: 오늘 오후 영업 회의는 2층 회의실에서 진행됩니다.
> B: 알려주셔서 감사합니다. 거기로 갈게요.
> A: 좋아요. 발표 유인물은 다 준비하셨나요?
> B: 네. 오늘 아침에 완성했어요. 사실 지금 막 인쇄하러 가려고 했어요.
> A: 잠시만요. 유인물에 있는 정보를 일부 변경하고 싶어요.
> B: 알겠습니다. 금방 제게 주실 수 있나요?
> A: 네. 지금 이메일로 보내드릴게요.
> B: 아주 좋아요. 확인하고 모두 인쇄할게요.

① 아니요. 중요하지 않다고 생각합니다.
② 아니요. 그렇게 오래 걸리지 않을 거예요.
③ 네. 지금 이메일로 보내드릴게요.
④ 네. 이전과 동일합니다.

어휘 conference room 회의실 put together 준비하다, 만들다 handout 유인물 be about to do 막 ~하려고 하다

표현 PLUS 일정과 관련하여 대화를 나눌 때 쓸 수 있는 표현
· What time works best for you? 어떤 시간이 가장 괜찮으세요?
· Let's set a time to meet. 만날 시간을 정해봅시다.
· Let's confirm the location at a later time. 나중에 장소를 확정합시다.

076 grasp 이해하다 (= make sense of)

정답 ③

해석 Julia는 잠이 들 수 없었을 때 영화를 보기 시작했는데, 화면에서 무슨 일이 일어나고 있는지 이해할 수 없었을 뿐이었다.
① give credit to ~을 믿다
② take care of ~에 주의하다
③ make sense of ~을 이해하다
④ give rise to ~을 일으키다

어휘 only to ~할 뿐이다

어휘 PLUS grasp(이해하다)의 유의어
= understand, comprehend, fathom

077 밑줄 친 부분에 들어갈 말로 가장 적절한 것은?

> The Normandy beach battle in *Saving Private Ryan* has been deemed one of the most _____ movie scenes due to its disturbing depiction of the fear, chaos, and human suffering that war causes.

① eloquent
② random
③ traumatic
④ uplifting

078 밑줄 친 부분에 들어갈 말로 가장 적절한 것을 고르시오.

> The restoration project of Notre-Dame Cathedral was _____ with great care to preserve the historical integrity and Gothic craftsmanship lost in the devastating 2019 fire.

① undertaken
② suspended
③ announced
④ delayed

077 traumatic 정신적 충격이 큰　　　　　　　　　　　　　　정답 ③

 『라이언 일병 구하기』에서의 노르망디 해안 전투는 전쟁이 초래하는 두려움과 혼란, 그리고 인간의 고통에 대한 충격적인 묘사로 인해 가장 <u>정신적 충격이 큰</u> 영화 장면들 중 하나로 여겨져 왔다.

① eloquent 유창한　　　　　　② random 무작위의
③ traumatic 정신적 충격이 큰　　④ uplifting 격려하는

 deem 여기다, 간주하다

어휘 PLUS　traumatic(정신적 충격이 큰)의 유의어
= shocking, disturbing, distressing

---

078 undertake 착수하다　　　　　　　　　　　　　　정답 ①

 노트르담 대성당의 복원 프로젝트는 대단히 파괴적인 2019년 화재 때 소실된 역사적 온전함과 고딕 양식의 기교를 보존하기 위해 세심한 주의와 함께 <u>착수되었다</u>.

① undertaken 착수되어　　　② suspended 중단되어
③ announced 발표되어　　　④ delayed 지연되어

어휘　restoration 복원　cathedral 대성당　preserve 보존하다　integrity 온전함, 완전　Gothic 고딕 양식의　craftsmanship 기교, 솜씨

어휘 PLUS　undertake(착수하다)의 유의어
= execute, carry out

DAY | 08

적중 예상 문제

079 밑줄 친 부분에 들어갈 말로 가장 적절한 것을 고르시오.

> Under the new management system and increased autonomy, employees at the company began to _____, with productivity improving greatly.

① thrive
② dictate
③ vanish
④ intrude

080 밑줄 친 부분에 들어갈 말로 가장 적절한 것을 고르시오.

> The actor always managed to _____ questions about his future projects in interviews, quickly changing the topic or diverting attention to his current movies.

① evade
② confront
③ inspect
④ affirm

079 thrive 번창하다

정답 ①

해석 새로운 경영 체제와 늘어난 자율성에 따라, 그 회사의 직원들은 생산성이 크게 향상되면서 <u>번창하기</u> 시작했다.
① thrive 번창하다
② dictate 지시하다
③ vanish 사라지다
④ intrude 침범하다

어휘 management 경영 autonomy 자율성 productivity 생산성

어휘 PLUS thrive(번창하다)의 유의어
= flourish, prosper, develop, succeed, burgeon

080 evade 회피하다

정답 ①

해석 그 배우는 급히 주제를 바꾸거나 관심을 그의 현재 출연 중인 영화로 돌리면서, 인터뷰에서 항상 어떻게든 그의 앞으로의 일에 대한 질문을 <u>회피했다</u>.
① evade 회피하다
② confront 직면하다
③ inspect 조사하다
④ affirm 단언하다

어휘 manage to 어떻게든 ~하다 divert (관심을) 다른 데로 돌리다, 우회하다, 유용하다

어휘 PLUS evade(회피하다)의 유의어
= sidestep, avoid, bypass, elude, circumvent

DAY | 09

081 밑줄 친 부분에 들어갈 말로 가장 적절한 것을 고르시오.

> At the office, one person's "just a mild cold" quickly proved _____, spreading through short morning chats and shared coffee cups, and by Thursday, the entire team was working from home.

① benign
② harmless
③ contagious
④ ineffective

082 밑줄 친 부분에 들어갈 표현으로 가장 적절한 것은?

> A: You'll never guess what I just heard.
> B: Go on, then.
> A: Jake is going to propose to Susan!
> B: So suddenly? I can't believe it.
> A: I know! But it's supposed to be a secret, so you can't tell anyone.
> B: Don't worry, I won't _____.

① spill the beans
② pull your leg
③ keep my cool
④ pass the buck

081 contagious 전염성이 있는

정답 ③

해설 회사에서 한 사람의 '그냥 가벼운 감기'는, 짧은 아침 수다와 공유된 커피잔을 통해 퍼지면서 전염성이 있는 것으로 빠르게 증명되었고, 목요일쯤엔 팀 전체가 재택근무를 하고 있었다.

① benign 양성의
② harmless 무해한
③ contagious 전염성이 있는
④ ineffective 효과가 없는

어휘 mild 가벼운   cold 감기   prove 증명되다   spread 퍼지다   entire 전체의   work from home 재택 근무하다

어휘 PLUS contagious(전염성이 있는)의 유의어
= infectious, transmissible, catching

082 spill the beans 비밀을 누설하다

정답 ①

해설 깜짝 소식을 전하며 아무에게도 말하면 안 된다고 당부하는 A의 말에 대해 B가 Don't worry(걱정 마)라고 말하고 있으므로, 빈칸에는 '① 비밀을 누설하다(spill the beans)'가 들어가야 자연스럽다.

해석
> A: 넌 방금 내가 무슨 말을 들었는지 짐작도 못 할 거야.
> B: 계속 말해봐, 그럼.
> A: Jake가 Susan에게 청혼할 거야!
> B: 이렇게 갑자기? 나는 못 믿겠어.
> A: 그러게 말이야! 하지만 이건 비밀이어야 하니까, 너는 아무에게도 말하면 안 돼.
> B: 걱정 마, 나는 비밀을 누설하지 않을 거야.

① spill the beans 비밀을 누설하다
② pull your leg 놀리다
③ keep my cool 냉정을 유지하다
④ pass the buck 책임을 전가하다

어휘 propose 청혼하다   be supposed to be ~이어야 한다

표현 PLUS spill the beans(비밀을 누설하다)와 유사한 의미의 표현
= let the cat out of the bag, divulge information

083 밑줄 친 부분에 들어갈 말로 가장 적절한 것을 고르시오.

Cameron
Amanda helped me finish a project last week. I think I should get her a thank-you gift.
1:30 p.m.

Selena
That's really thoughtful of you.
1:31 p.m.

Cameron
I'm not sure what to buy, though.
1:33 p.m.

Selena
Why don't you take her out for a meal at that new French restaurant downtown?
1:35 p.m.

Cameron
That place is really fancy. _____
1:36 p.m.

Selena
Fair enough. I'm sure she'd appreciate something simple.
1:38 p.m.

Cameron
Do you think she'd like a box of chocolates?
1:40 p.m.

Selena
I don't see why not. There's a little shop on Bark Street that sells really nice ones.
1:42 p.m.

Cameron
Thanks. I'll check it out.
1:42 p.m.

① It's kind of hit or miss.
② I'd better sleep on it.
③ I should call ahead.
④ I don't want to go overboard.

083 I don't want to go overboard. 너무 지나치고 싶지는 않아요.

정답 ④

해설 빈칸이 있는 문장에서 Cameron이 새로 생긴 프랑스 레스토랑에 대해 That place is really fancy(거기 정말 화려하죠)라고 하고, 빈칸 뒤에서 Selena가 Fair enough. I'm sure she'd appreciate something simple(그럴 수 있죠. 그녀는 분명 간단한 것에 고마워할 거예요)라고 말하고 있으므로, 빈칸에는 '④ 너무 지나치고 싶지는 않아요(I don't want to go overboard)'가 들어가야 자연스럽다.

해석
> Cameron: 지난주에 Amanda가 저의 프로젝트를 끝내는 것을 도와줬어요. 그녀에게 감사 선물을 줘야 할 것 같아요. (오후 1:30)
> Selena: 정말 사려 깊네요. (오후 1:31)
> Cameron: 그런데 뭘 사야 할지 잘 모르겠어요. (오후 1:33)
> Selena: 그녀를 시내에 새로 생긴 프랑스 레스토랑에 데려가 식사하는 게 어때요? (오후 1:35)
> Cameron: 거기 정말 고급스럽죠. 너무 지나치고 싶지는 않아요. (오후 1:36)
> Selena: 그럴 수 있죠. 그녀는 분명 간단한 것에 고마워할 거예요. (오후 1:38)
> Cameron: 그녀가 초콜릿 한 상자를 좋아할까요? (오후 1:40)
> Selena: 안 될 이유가 없어 보여요. 뱅크 스트리트에 정말 좋은 것들을 파는 작은 가게가 있어요. (오후 1:42)
> Cameron: 고마워요. 확인해 볼게요. (오후 1:42)

① 약간 운에 달려있어요.
② 신중히 생각해 보는 게 좋겠어요.
③ 미리 전화해야겠어요.
④ 너무 지나치고 싶지는 않아요.

어휘 thoughtful 사려 깊은 fancy 고급스러운, 고급의 appreciate 고마워하다 hit or miss 운에 달린
sleep on -에 대해 신중히 생각하다, 하룻밤 자면서 생각해보다 go overboard 지나치다, 야단을 피우다

표현 PLUS 선물을 준비할 때 사용할 수 있는 표현
· Do you have any suggestions for a gift? 선물로 추천할 만한 것이 있나요?
· I've already wrapped it. 저는 이미 그것을 포장했어요.
· I want to find something simple but nice. 저는 간단하지만 좋은 것을 찾고 싶어요.
· I hope she likes it. 그녀가 좋아했으면 좋겠어요.

DAY | 09

084 밑줄 친 부분에 들어갈 말로 가장 적절한 것을 고르시오.

> At the graduation party, students were surprised to see the classmate who was always _____ at school be the first one on the dance floor.

① comedic
② outspoken
③ cheerful
④ demure

085 밑줄 친 부분에 들어갈 말로 가장 적절한 것을 고르시오.

> Their debut performance reflected _____ confidence, since each member trusted that the others would deliver, and that trust gave the whole group its signature stability on stage.

① mutual
② individual
③ outward
④ rational

086 밑줄 친 부분에 들어갈 말로 가장 적절한 것을 고르시오.

> Drivers who text while operating vehicles _____ not only their own safety but also the lives of pedestrians and other motorists on the road.

① precipitate
② execute
③ withstand
④ jeopardize

084 demure 얌전한

정답 ④

해석 졸업 파티에서, 학생들은 학교에서 항상 얌전했던 반 친구가 댄스 플로어에 선 맨 첫 번째 사람인 것을 보고 놀랐다.
① comedic 희극의
② outspoken 솔직한
③ cheerful 발랄한
④ demure 얌전한

어휘 graduation party 졸업 파티

어휘 PLUS demure(얌전한)의 유의어
= shy, reserved, modest

085 mutual 상호적인

정답 ①

해석 그들의 데뷔 공연은 상호적인 신뢰를 반영했는데, 각 멤버가 다른 멤버들이 잘 해낼 것이라고 믿었고, 그 믿음이 전체 그룹에게 무대에서 특유의 안정감을 주었기 때문이다.
① mutual 상호적인
② individual 개인적인
③ outward 외적인
④ rational 합리적인

어휘 debut 데뷔   performance 공연   reflect 반영하다   confidence 신뢰, 자신감   deliver 잘 해내다, (기대대로 결과를) 내놓다   signature 특유의   stability 안정감

어휘 PLUS mutual(상호적인)의 유의어
= shared, collective, common

086 jeopardize 위험에 빠뜨리다

정답 ④

해석 차량을 운전하는 동안 문자를 보내는 운전자들은 그들 자신의 안전뿐만 아니라 도로 위의 보행자들과 다른 운전자들의 생명도 위험에 빠뜨린다.
① precipitate 촉진하다
② execute 실행하다
③ withstand 견디다
④ jeopardize 위험에 빠뜨리다

어휘 text 문자를 보내다   operate 운전하다   vehicle 차량   pedestrian 보행자   motorist 운전자

어휘 PLUS jeopardize(위험에 빠뜨리다)의 유의어
= endanger, threaten, imperil, put at risk

DAY | 09

087 다음 빈칸에 들어갈 말로 가장 적절한 것은?

> The Treasury Department and many expert economists are concerned that the increased money supply coupled with a shortage in goods could _____ a period of hyperinflation.

① try out
② touch off
③ let down
④ send for

088 밑줄 친 부분에 들어갈 말로 가장 적절한 것을 고르시오.

> The professor spent an hour _____ the complex process of DNA replication to ensure the students understood.

① diverting
② detailing
③ reconsidering
④ displacing

087 touch off ~을 촉발하다

정답 ②

해석 재무부와 많은 숙련된 경제학자들은 재화의 부족과 결부된 통화 공급 증가가 초인플레이션의 시기를 촉발할 것을 우려한다.
① try out ~을 시험 삼아 해 보다
② touch off ~을 촉발하다
③ let down ~을 덜 성공적으로 만들다
④ send for ~을 청하러 가다

어휘 the Treasury Department 재무부 expert 숙련된; 전문가 coupled with ~과 결부된 goods 재화, 상품
hyperinflation 초인플레이션(단기간에 발생하는 심한 물가 상승 현상)

표현 PLUS touch off(~을 촉발하다)와 유사한 의미의 표현
= set off, stir up, whip up, spark off, egg on, kick up

088 detail 자세히 설명하다

정답 ②

해석 그 교수는 학생들이 확실히 이해할 수 있도록 DNA 복제의 복잡한 과정을 자세히 설명하는 데 한 시간을 썼다.
① diverting 딴 데로 돌리는 데
② detailing 자세히 설명하는 데
③ reconsidering 재고하는 데
④ displacing 대체하는 데

어휘 replication (DNA 등의) 복제 ensure 확실히 ~하게 하다, 보증하다

어휘 PLUS detail(자세히 설명하다)의 유의어
= recount, specify, expound

DAY | 09

적중 예상 문제

089 밑줄 친 부분에 들어갈 말로 가장 적절한 것을 고르시오.

> Symptoms of malaria usually _____ within one to two weeks after a mosquito bite, presenting as fever, chills, and sweating that recur in distinct cycles.

① fluctuate
② subside
③ manifest
④ deteriorate

090 다음 문장의 빈칸에 들어갈 말로 가장 적절한 것은?

> Despite his promise of a one-of-a-kind film, the director's efforts resulted in a _____ movie that critics called "just another commonplace romantic comedy."

① splendid
② foremost
③ mediocre
④ profound

089 manifest 나타나다

정답 ③

해석 말라리아의 증상들은 모기에게 물린 후 보통 1주에서 2주 이내에 나타나며, 뚜렷한 주기로 되풀이되는 열, 오한, 그리고 발한을 보인다.

① fluctuate 변동하다
② subside 가라앉다
③ manifest 나타나다
④ deteriorate 더 나빠지다

어휘 symptom 증상 mosquito 모기 present 보이다 fever 열 chill 오한 sweating 발한 recur 되풀이되다 distinct 뚜렷한 cycle 주기

어휘 PLUS manifest(나타나다)의 유의어
= appear, emerge, become obvious, develop

090 mediocre 평범한

정답 ③

해석 특별한 영화에 대한 그의 약속에도 불구하고, 그 감독의 작품은 결과적으로 비평가들이 '또 하나의 그저 그런 진부한 로맨틱 코미디'라고 묘사한 평범한 영화가 되었다.

① splendid 훌륭한
② foremost 가장 중요한
③ mediocre 평범한
④ profound 심오한

어휘 one-of-a-kind 특별한, 독특한 effort (문학·예술의) 작품, 역작 commonplace 진부한, 아주 흔한

어휘 PLUS mediocre(평범한)의 유의어
= ordinary, average, normal, plain

DAY | 10

091 밑줄 친 부분에 들어갈 말로 가장 적절한 것을 고르시오.

> It is important to keep the machine's engine well oiled, as the moving parts can cause _____ otherwise.

① damage
② confusion
③ scandal
④ scrutiny

092 두 사람의 대화 내용 중 가장 어색한 것은?

① A: Where in Los Angeles does your best friend live?
　B: I'm going to visit on Monday. I love the weather there.
② A: Why did it take you so long to get here?
　B: I had to ride my bicycle. My car has a flat tire.
③ A: How did you manage to finish your essay on time?
　B: I stayed up all night. I didn't get any sleep.
④ A: Why did you put your apartment up for sale?
　B: It's too far from my work. I want to move downtown.

091 damage 손상

정답 ①

해석 기계의 엔진을 기름이 잘 발린 상태로 유지하는 것은 중요한데, 그렇지 않으면 움직이는 부품들이 손상을 일으킬 수 있기 때문이다.
① damage 손상
② confusion 혼란
③ scandal 추문
④ scrutiny 정밀 조사

어휘 oil (기계 등에) 기름을 바르다

어휘 PLUS damage(손상)의 유의어
= harm, injury

092 I'm going to visit on Monday. I love the weather there.

정답 ①

난 월요일에 방문할 거야. 난 그곳의 날씨를 정말 좋아해.

해설 ①번에서 A는 B의 친구가 사는 장소를 묻고 있으므로, 자신의 여행 계획에 대해 말하는 B의 대답 I'm going to visit on Monday. I love the weather there(난 월요일에 방문할 거야. 난 그곳의 날씨를 정말 좋아해)는 어울리지 않는다.

해석
① A: 네 가장 친한 친구는 로스앤젤레스 어디에 살아?
　　B: 난 월요일에 방문할 거야. 난 그곳의 날씨를 정말 좋아해.
② A: 넌 여기까지 오는 데 왜 이렇게 오래 걸렸어?
　　B: 난 자전거를 타고 와야 했거든. 내 자동차 타이어에 펑크가 났어.
③ A: 넌 어떻게 과제물을 제시간에 끝낼 수 있었어?
　　B: 난 밤을 꼴딱 새웠어. 난 한숨도 못 잤어.
④ A: 왜 너는 아파트를 팔려고 내놓았어?
　　B: 거긴 내 직장에서 너무 멀어. 난 시내로 이사하고 싶어.

어휘 have a flat tire 타이어에 펑크가 나다　stay up all night 밤을 꼴딱 새우다　put up for sale 팔려고 내놓다

표현 PLUS 사는 곳을 물어볼 때 쓸 수 있는 표현
· Do you live around here? 너는 여기 근처에 사니?
· Where are you staying? 너는 어디에서 지내니?
· Are you in the neighborhood? 너는 이 부근에 사니?

DAY | 10

093 밑줄 친 부분에 들어갈 말로 가장 적절한 것은?

> We need to use all our effort to _____ the problem first. Only after locating it can we begin to think of a solution.

① maneuver
② stigmatize
③ imitate
④ pinpoint

094 밑줄 친 부분에 들어갈 말로 가장 적절한 것을 고르시오.

> Paramedics responded with _____ while rushing injured passengers to hospitals after the highway collision caused multiple casualties and severe traffic disruptions.

① curiosity
② urgency
③ frequency
④ animosity

093 **pinpoint** 정확히 집어내다   정답 ④

해석 | 우리는 먼저 그 문제를 정확히 집어내기 위해 우리의 모든 노력을 다해야 한다. 그것을 규명한 후에야 우리는 해결책을 생각해 내는 것을 시작할 수 있다.

① maneuver 교묘히 다루다   ② stigmatize 오명을 씌우다
③ imitate 모방하다   ④ pinpoint 정확히 집어내다

어휘 | locate (원인 등을) 규명하다, 알아내다

어휘 PLUS | pinpoint(정확히 집어내다)의 유의어
= identify, distinguish, spot

094 **urgency** 긴급함   정답 ②

해석 | 고속도로 충돌이 다수의 사상자와 심각한 교통 혼란을 일으킨 후, 응급구조사들은 다친 승객들을 병원으로 급히 이송하면서 긴급함으로 대응했다.

① curiosity 호기심   ② urgency 긴급함
③ frequency 빈번함   ④ animosity 적개심

어휘 | paramedic 응급구조사   respond 대응하다   collision 충돌   multiple 다수의   casualty 사상자   severe 심각한   disruption 혼란

어휘 PLUS | urgency(긴급함)의 유의어
= exigency, gravity, seriousness

DAY | 10

095 밑줄 친 부분에 들어갈 말로 가장 적절한 것을 고르시오.

> Although he kept to himself while at university, Alan became _____ and outgoing soon after he started working for a public relations firm.

① extroverted
② careless
③ contemplative
④ misunderstood

096 다음 문장의 빈칸에 들어갈 말로 가장 적절한 것은?

> The cyclist began to _____ the other racers due to a sudden muscle cramp in his leg.

① dress down
② lag behind
③ bail out
④ take after

097 밑줄 친 부분에 들어갈 말로 가장 적절한 것을 고르시오.

> Despite the team's diligent work and exciting proposal, the presentation was _____ by the presenter's uninspired speech, and the plan was promptly rejected.

① ruined
② endorsed
③ acclaimed
④ possessed

095 **extroverted** 외향적인   정답 ①

해석 비록 Alan은 대학에 다니는 동안 남들과 어울리지 않았지만, 그는 홍보 회사에서 일하기 시작한 직후 외향적이고 사교적이게 되었다.

① extroverted 외향적인
② careless 경솔한
③ contemplative 사색하는
④ misunderstood 오해를 받는

어휘 keep to oneself 남들과 어울리지 않다, 혼자 지내다   outgoing 사교적인   public relation 홍보   firm 회사; 단단한

어휘 PLUS extroverted(외향적인)의 유의어
= gregarious, sociable, affable

096 **lag behind** ~보다 뒤처지다   정답 ②

해석 그 자전거 선수는 그의 다리에서의 갑작스러운 근육 경련 때문에 다른 선수들보다 뒤처지기 시작했다.

① dress down ~를 질책하다
② lag behind ~보다 뒤처지다
③ bail out ~를 구제하다
④ take after ~를 닮다

어휘 cramp 경련

표현 PLUS lag behind(~보다 뒤처지다)와 유사한 의미의 표현
= fall behind, drop behind, not keep pace with, hang back

097 **ruin** 엉망으로 만들다   정답 ①

해석 팀의 부지런한 작업과 흥미로운 제안에도 불구하고, 그 발표는 발표자의 감흥 없는 발표로 인해 엉망이 되었고, 그 계획안은 즉시 거절되었다.

① ruined 엉망이 된
② endorsed 지지를 받은
③ acclaimed 환호를 받은
④ possessed 소유된

어휘 diligent 부지런한, 성실한   uninspired 감흥 없는, 독창성 없는   promptly 즉시   reject 거절하다, 거부하다

어휘 PLUS ruin(엉망으로 만들다)과 유사한 의미의 표현
= vitiate, spoil, mess up

098 밑줄 친 부분에 들어갈 말로 가장 적절한 것을 고르시오.

Tina Smith

Hello. I have a question about a charge on my credit card.

10:20 a.m.

Carl Ali

Thank you for messaging. What exactly would you like to know about the charge in question?

10:21 a.m.

Tina Smith

Well, I don't recognize the name of the online store where the purchase was made, and I don't remember making it. I was wondering what exactly it was for.

10:22 a.m.

Carl Ali

_____

10:24 a.m.

Tina Smith

Yes. It was last Thursday. It's the only transaction that day.

10:25 a.m.

Carl Ali

I see. It appears that it's a purchase from chb.com. That's the account name for Crystal House Books.

10:27 a.m.

① Could you tell me the amount of your last payment?
② Can you give me the date of the transaction?
③ Would you like to get another copy of your bill?
④ How long have you been using our credit card?

098 **Can you give me the date of the transaction?** 거래 날짜를 알려주실 수 있나요?

정답 ②

해설 빈칸 뒤에서 Tina Smith가 It was last Thursday. It's the only transaction that day(지난주 목요일이었어요. 그날에 있던 유일한 거래예요)라고 말하고 있으므로, 빈칸에는 '② 거래 날짜를 알려주실 수 있나요?(Can you give me the date of the transaction?)'가 들어가야 자연스럽다.

해석
> Tina Smith: 안녕하세요. 제 신용카드 요금에 대해 질문이 있습니다. (오전 10:20)
> Carl Ali: 메시지 보내주셔서 감사합니다. 문의하신 요금에 대해 정확히 무엇을 알고 싶으신가요? (오전 10:21)
> Tina Smith: 음, 구매가 이루어진 온라인 스토어의 이름을 모르겠고, 구매한 기억도 없습니다. 정확히 무엇에 대한 요금인지 궁금해요. (오전 10:22)
> Carl Ali: 거래 날짜를 알려주실 수 있나요? (오전 10:24)
> Tina Smith: 네. 지난주 목요일이었어요. 그날에 있던 유일한 거래예요. (오전 10:25)
> Carl Ali: 알겠습니다. chb.com에서 구매한 것으로 보이네요. 그것은 Crystal House Books의 계정명입니다. (오전 10:27)

① 마지막 결제 금액을 알려주시겠어요?
② 거래 날짜를 알려주실 수 있나요?
③ 청구서 사본을 한 장 더 받으시겠어요?
④ 저희 신용카드를 사용하신 지 얼마나 되셨나요?

어휘 **charge** 요금, 고소, 책임; 청구하다 **credit card** 신용카드 **transaction** 거래 **account** 계정, 계좌, 설명 **payment** 결제, 지불 **bill** 청구서, 고지서

표현 PLUS 신용카드와 관련된 표현
- **credit limit** 신용 한도
- **grace period** 유예 기간
- **cash advance** 현금 서비스
- **foreign transaction fee** 해외 거래 수수료
- **cashback** 캐시백

DAY | 10

적중 예상 문제

099 밑줄 친 부분에 들어갈 말로 가장 적절한 것을 고르시오.

> The dog _____ contentedly beside its owner, pausing from time to time to explore intriguing scents drifting through the air and to greet other pets along the way.

① sprinted
② strolled
③ stumbled
④ strayed

100 밑줄 친 부분에 들어갈 말로 가장 적절한 것을 고르시오.

> The side dishes on the plate should _____ the main course, enhancing and reinforcing its flavors.

① rival
② dilute
③ include
④ complement

099　stroll 산책하다

정답 ②

해석　그 개는 주인 옆에서 만족스럽게 <u>산책했으며</u>, 공기를 통해 떠다니는 흥미로운 냄새들을 탐험하고 그 과정에서 다른 반려동물들에게 인사하기 위해 때때로 멈추었다.
① sprinted 전력 질주했다　　② strolled 산책했다
③ stumbled 비틀거렸다　　④ strayed 길을 잃었다

어휘　contentedly 만족스럽게　beside 옆에서　owner 주인　pause 멈추다　explore 탐험하다　intriguing 흥미로운　scent 냄새　drift 떠다니다　greet 인사하다

어휘 PLUS　stroll(산책하다)의 유의어
= walk, amble, saunter

100　complement 보완하다

정답 ④

해석　접시에 담긴 곁들임 요리는 주요리의 풍미를 높이고 강화하며, 그것을 <u>보완해야</u> 한다.
① rival 필적하다　　② dilute 희석하다
③ include 포함하다　　④ complement 보완하다

어휘　side dish 곁들임 요리　plate 접시　enhance 높이다, 더하다, 향상시키다　reinforce 강화하다　flavor 풍미

어휘 PLUS　complement(보완하다)와 유사한 의미의 표현
= supplement, enhance, harmonize with

DAY | 11

101 밑줄 친 부분에 들어갈 말로 가장 적절한 것은?

The factory owners have decided to purchase the _____ plot of land so that the facility has room to expand next door.

① isolated
② dense
③ adjacent
④ detrimental

102 밑줄 친 부분에 들어갈 말로 가장 적절한 것을 고르시오.

The inventor's ideas were frequent yet _____, so he always tried to write them down before they slipped his mind and disappeared forever.

① imperative
② implicit
③ erratic
④ momentary

101 adjacent 인접한

정답 ③

해석 공장 주인들은 그 시설이 옆 건물에 확장할 공간을 갖도록 인접한 부지를 사기로 결정했다.
① isolated 외딴
② dense 빽빽한
③ adjacent 인접한
④ detrimental 해로운

어휘 plot 부지 facility 시설, 설비 expand 확장하다, 넓히다

어휘 PLUS adjacent(인접한)의 유의어
= neighboring, adjoining, contiguous, bordering

102 momentary 순간적인

정답 ④

해석 그 발명가의 아이디어들은 자주 떠오르지만 순간적인 것들이었기에, 그는 그것들이 그의 머리에서 빠져나가 영원히 사라지기 전에 항상 그것들을 적어 놓으려고 애썼다.
① imperative 필수적인
② implicit 함축적인
③ erratic 불규칙한
④ momentary 순간적인

어휘 frequent 자주 일어나는, 흔한, 빈번한 slip 빠져나가다, 미끄러지다

어휘 PLUS momentary(순간적인)의 유의어
= ephemeral, brief, short, temporary

103 밑줄 친 부분에 들어갈 말로 가장 적절한 것을 고르시오.

> Conservation efforts, for example, establishing wildlife corridors that help maintain genetic diversity among isolated populations, aim to _____ endangered species from extinction.

① expedite
② safeguard
③ alienate
④ depreciate

104 밑줄 친 부분에 들어갈 말로 가장 적절한 것을 고르시오.

> A: Does your store have any wrenches?
> B: In aisle nine, toward the back.
> A: _____
> B: Hmm, we'll have to order more, then.
> A: When do you expect to have them?
> B: We get new supplies in on Mondays.

① I already checked there, but there weren't any.
② That's exactly the kind I was looking for.
③ It's more expensive than I expected.
④ They should be located in aisle five.

103 safeguard 보호하다

정답 ②

해석 예를 들어, 고립된 개체군 사이의 유전적 다양성을 유지하도록 돕는 야생동물 이동 통로를 조성하는 것과 같은 보전 노력은, 멸종 위기에 처한 종들을 멸종으로부터 보호하는 것을 목표로 한다.

① expedite 신속하게 처리하다
② safeguard 보호하다
③ alienate 소외시키다
④ depreciate 가치를 떨어뜨리다

어휘 conservation 보존 effort 노력 wildlife 야생동물 corridor 이동 통로, 회랑 genetic 유전적인 diversity 다양성 isolated 고립된 population 개체군 aim 목표로 하다 endangered 멸종 위기의 species 종 extinction 멸종

어휘 PLUS safeguard(보호하다)의 유의어
= protect, preserve, defend

104 I already checked there, but there weren't any. 제가 거긴 이미 살펴봤는데, 하나도 없었어요.

정답 ①

해설 렌치가 9번 통로 뒤쪽에 있다는 B의 말에 대한 A의 대답 후, 빈칸 뒤에서 B가 we'll have to order more, then(그렇다면 저희가 더 주문해야겠네요)이라고 말하고 있으므로, 빈칸에는 '① 제가 거긴 이미 살펴봤는데, 하나도 없었어요(I already checked there, but there weren't any)'가 들어가야 자연스럽다.

해석

A: 당신의 가게에 렌치가 있나요?
B: 9번 통로 뒤쪽으로 있어요.
A: 제가 거긴 이미 살펴봤는데, 하나도 없었어요.
B: 음, 그렇다면 저희가 더 주문해야겠네요.
A: 언제 그것들을 받을 걸로 예상하세요?
B: 저희는 월요일마다 새 물품들을 받아요.

① 제가 거긴 이미 살펴봤는데, 하나도 없었어요.
② 그것은 정확히 제가 찾고 있던 종류의 것이에요.
③ 제가 예상했던 것보다 더 비싸네요.
④ 그것들은 5번 통로에 있을 거예요.

어휘 wrench 렌치(너트를 죄는 기구) aisle 통로 look for ~을 찾다, 구하다

표현 PLUS 쇼핑할 때 쓸 수 있는 표현
· What are your hours? 운영 시간이 어떻게 되나요?
· How late are you open? 얼마나 늦게까지 여나요?
· Do you carry carpet? 카펫 파나요?

●●● 난이도 상   ●●○ 난이도 중   ●○○ 난이도 하

DAY | 11

105 밑줄 친 부분에 들어갈 말로 가장 적절한 것을 고르시오.

> Rehabilitation centers help patients _____ physical abilities through specialized therapy programs designed for individual recovery needs.

① restore
② negotiate
③ allocate
④ preserve

106 밑줄 친 부분에 들어갈 말로 가장 적절한 것을 고르시오.

> Of the many things discussed by philosophers, the _____ of life is without a doubt one of the most significant.

① exhilaration
② solution
③ sacredness
④ complexity

107 밑줄 친 부분에 들어갈 말로 가장 적절한 것을 고르시오.

> Inspired by the sticky toes of a lizard, the researchers developed a material that could _____ without the use of glue.

① adhere
② clench
③ release
④ lift

105 restore 회복하다
정답 ①

해석 재활 센터는 환자들이 개별적인 회복 요구에 맞게 설계된 전문적인 치료 프로그램들을 통해 신체적 능력들을 회복하도록 도와준다.

① restore 회복하다
② negotiate 협상하다
③ allocate 할당하다
④ preserve 보존하다

어휘 rehabilitation 재활 physical 신체적인 specialized 전문적인 therapy 치료 design 설계하다 recovery 회복

어휘 PLUS restore(회복하다)의 유의어
= recover, regain, get back

106 sacredness 신성함
정답 ③

해석 철학자들에 의해 논의되는 많은 것들 중에서, 생명의 신성함은 의심의 여지 없이 가장 중요한 것 중 하나이다.

① exhilaration 흥분
② solution 해결
③ sacredness 신성함
④ complexity 복잡함

어휘 philosopher 철학자 without a doubt 의심의 여지 없이 significant 중요한, 상당한, 의미 있는

어휘 PLUS sacredness(신성함)의 유의어
= sanctity, holiness, divineness

107 adhere 들러붙다
정답 ①

해석 도마뱀의 끈적끈적한 발가락에서 영감을 받아, 연구진은 접착제를 사용하지 않고도 들러붙을 수 있는 소재를 개발했다.

① adhere 들러붙다
② clench 꽉 쥐다
③ release 방출하다
④ lift 들어 올리다

어휘 inspire 영감을 주다 sticky 끈적끈적한, 달라붙는 toe 발가락 lizard 도마뱀 material 소재, 재료

어휘 PLUS adhere(들러붙다)의 유의어
= stick, cling, attach

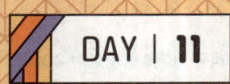

108 밑줄 친 부분에 들어갈 말로 가장 적절한 것을 고르시오.

Annie Franks: What are you still doing here, Bob? Everyone else left already. 5:35

 Bob Hall: I know, Ms. Franks. I'm just swamped with work that I need to finish. 5:35

Annie Franks: What exactly are you working on? 5:36

 Bob Hall: It's the presentation that you asked me to make for the conference. I'm having trouble finding pictures for it. 5:37

Annie Franks: Don't worry about that. I can get the graphics design department to do that for you tomorrow. 5:38

 Bob Hall: _____ 5:38

Annie Franks: Yes. They can also make custom ones for you. 5:38

① It should only take a few more hours.
② You really don't have to do that.
③ I bet they have access to more images.
④ You need to adjust our schedules.

108 I bet they have access to more images. 분명 그들이 더 많은 사진을 이용할 수 있을 거예요.

정답 ③

해설 빈칸 앞에서 Annie Franks가 I can get the graphics design department to do that for you tomorrow(제가 내일 그래픽 디자인 부서에서 그걸 해주게끔 할 수 있어요)라고 말하고 있고, 빈칸 뒤에서 Annie Franks가 다시 Yes. They can also make custom ones for you (네. 그들은 맞춤 사진들도 만들어줄 수 있어요)라고 말하고 있으므로, 빈칸에는 '③ 분명 그들이 더 많은 사진을 이용할 수 있을 거예요(I bet they have access to more images)'가 들어가야 자연스럽다.

해석
> Annie Franks: 아직도 여기서 뭐 하고 계세요, Bob? 다른 사람들은 이미 다 갔어요. (5:35)
> Bob Hall: 그러게 말이에요, Franks씨. 그냥 끝내야 할 일들로 너무 바빠서요. (5:35)
> Annie Franks: 정확히 무엇을 하고 계세요? (5:36)
> Bob Hall: 회의를 위해 제게 만들라고 요청하신 발표 자료예요. 그것에 쓸 사진을 찾는 데 어려움을 겪고 있어요. (5:37)
> Annie Franks: 그건 걱정하지 마세요. 제가 내일 그래픽 디자인 부서에서 그걸 해주게끔 할 수 있어요. (5:38)
> Bob Hall: <u>분명 그들이 더 많은 사진을 이용할 수 있을 거예요.</u> (5:38)
> Annie Franks: 네. 그들은 맞춤 사진들도 만들어줄 수 있어요. (5:38)

① 몇 시간밖에 더 안 걸릴 거예요.
② 정말 그렇게 하실 필요 없어요.
③ 분명 그들이 더 많은 사진을 이용할 수 있을 거예요.
④ 우리 일정을 조정해야 해요.

어휘 be swamped with ~로 너무 바쁘다, ~로 넘쳐나다   presentation 발표   conference 회의, 회담   custom 맞춤의
have access to ~을 이용할 수 있다, ~에 접근할 수 있다

표현 PLUS 걱정하지 말라고 할 때 쓸 수 있는 표현
· **No worries.** 걱정하지 마세요.
· **Everything will be fine.** 다 괜찮을 거예요.
· **Things will work out.** 일이 잘 풀릴 거예요.
· **There's no cause for concern.** 걱정할 이유가 없어요.

DAY | 11

적중 예상 문제

109 밑줄 친 부분에 들어갈 말로 가장 적절한 것은?

> He knew that it wouldn't be difficult to find a replacement for the jacket he had lost, as they were _____.

① unpopular
② prevalent
③ inexpensive
④ practical

110 밑줄 친 부분에 들어갈 말로 가장 적절한 것은?

> After a week-long standoff, the bank robbers finally agreed to _____ to the police, exiting the building peacefully and handing over all of their weapons without incident.

① surrender
② appeal
③ object
④ retort

109 prevalent 널리 퍼진

정답 ②

해석 그는 그가 잃어버렸던 재킷의 대체물을 찾는 것이 어렵지 않을 것이란 걸 알았는데, 그것(재킷)들이 널리 퍼져 있기 때문이다.

① unpopular 인기 없는
② prevalent 널리 퍼진
③ inexpensive 비싸지 않은
④ practical 실용적인

어휘 replacement 대체물

어휘 PLUS prevalent(널리 퍼진)의 유의어
= widespread, common, prevailing

110 surrender 항복하다

정답 ①

해석 일주일에 걸친 교착 상태 끝에, 은행 강도들은 마침내 경찰에 항복하기로 합의했고, 조용히 건물을 나와서 아무런 사건 없이 그들의 모든 무기를 넘겨주었다.

① surrender 항복하다
② appeal 간청하다
③ object 반대하다
④ retort 반박하다

어휘 standoff 교착 상태, 고립; 떨어져 있는 exit 나가다; 출구 hand over 넘겨주다 incident 사건; 부수적인, 흔히 있는

어휘 PLUS surrender(항복하다)의 유의어
= capitulate, cede, yield, submit

DAY | 12

111 밑줄 친 부분에 들어갈 말로 가장 적절한 것을 고르시오.

> Smart traffic management systems, _____ shorter commute times, lower vehicle emissions, and reduced congestion, have become key elements of sustainable urban planning strategies.

① yielding
② conducting
③ satisfying
④ expanding

112 밑줄 친 부분에 공통으로 들어갈 가장 적절한 것은?

> • Troy is the funniest guy I know and the _____ of the party.
> • His realistic paintings are true to _____.
> • The university welcomes diversity and admits students from all walks of _____.

① story
② life
③ name
④ plan

111 yield 가져오다

정답 ①

해석 스마트 교통 관리 시스템은 더 짧은 통근 시간, 더 낮은 차량 배기가스, 그리고 감소된 혼잡을 <u>가져오</u>면서, 지속 가능한 도시 계획 전략의 핵심 요소들이 되어왔다.

① yielding 가져오는
② conducting 수행하는
③ satisfying 만족시키는
④ expanding 확장하는

어휘 commute 통근   vehicle 차량   emission 배기가스, 배출량   reduce 감소시키다   congestion 혼잡, 정체   element 요소   sustainable 지속 가능한   urban 도시의

어휘 PLUS yield(가져오다)의 유의어
= produce, result in, bring about, lead to

112 the life of the party 익살꾼 | true to life 실물 그대로인 | all walks of life 사회 각계각층

정답 ②

해석
· Troy는 내가 아는 가장 재미있는 사람이고 <u>익살꾼</u>이다.
· 그의 사실적인 그림들은 <u>실물 그대로</u>이다.
· 그 대학은 다양성을 기꺼이 받아들이고 <u>사회 각계각층</u>으로부터 온 학생들의 입학을 허락한다.

어휘 welcome 기꺼이 받아들이다, 환영하다   diversity 다양성   admit 입학을 허락하다, 인정하다

표현 PLUS the life of the party(익살꾼)와 유사한 의미의 표현
= the center of attention, an exciting and sociable person, invigorating personality

true to life(실물 그대로인)와 유사한 의미의 표현
= true to reality, on the mark, spot on

all walks of life(사회 각계각층)와 유사한 의미의 표현
= all different backgrounds, many different positions, wildly different experiences

113 밑줄 친 부분에 들어갈 말로 가장 적절한 것을 고르시오.

> A: Hi Pete. Do you want to go to a baseball game? I've got an extra ticket.
> B: That sounds like fun. When is it?
> A: It's this Friday. The game starts at 6:00, so we could meet around 5:30.
> B: I think I have a dentist appointment that day, but I can't remember what time.
> A: Hang on a second. _____.
> B: Go ahead and take it. I have to check my schedule anyway.
> A: Thanks. I'll call you back in a minute.

① I don't have any more battery life
② The game is on Thursday, not Friday
③ I just remembered I don't have tickets
④ There's someone on the other line

114 밑줄 친 부분에 들어갈 말로 가장 적절한 것을 고르시오.

> With technology continuing to narrow linguistic gaps, language barriers are becoming less of a major _____ for international students pursuing education abroad.

① expense
② obstacle
③ advantage
④ opportunity

113 There's someone on the other line. 다른 사람에게서 전화가 왔어.

정답 ④

해설 잠깐 기다려보라는 A의 말에 대해 B가 빈칸 뒤에서 Go ahead and take it(어서 받아)이라고 말하고 있으므로, 빈칸에는 '④ 다른 사람에게서 전화가 왔어(There's someone on the other line)'가 들어가야 자연스럽다.

해석
> A: 안녕 Pete. 너 야구 경기에 가고 싶니? 나에게 여분의 티켓이 한 장 있어.
> B: 재미있겠다. 그게 언제야?
> A: 이번 주 금요일이야. 경기는 6시에 시작하니까, 우리는 5시 30분쯤에 만나면 되겠다.
> B: 내 생각에 나 그날 치과 예약이 있는 것 같은데, 몇 시인지 기억이 안 나.
> A: 잠깐 기다려봐. <u>다른 사람에게서 전화가 왔어.</u>
> B: 어서 받아. 나는 어쨌든 내 일정을 확인해야 해.
> A: 고마워. 내가 곧 다시 전화할게.

① 나 이제 배터리 수명이 없어
② 경기는 금요일이 아니라 목요일에 있어
③ 나는 나한테 티켓이 없는 게 방금 기억났어
④ 다른 사람에게서 전화가 왔어

어휘 appointment 예약, 약속 hang on 기다려 battery life 배터리 수명

표현 PLUS 통화 중 다른 전화가 걸려 올 때 쓸 수 있는 표현
- I'm getting another call. 나한테 다른 전화가 오고 있어.
- Someone else is calling me. 누군가가 나한테 전화를 하고 있어.
- My other line is ringing. 나한테 다른 전화가 오고 있어.
- I have to let you go. 나는 전화를 끊어야 할 것 같아.

114 obstacle 장애물

정답 ②

해석 기술이 계속해서 언어적 격차를 좁히면서, 언어 장벽은 해외에서 교육을 해 나가는 유학생들에게 별로 중요하지 않은 <u>장애물</u>이 되고 있다.

① expense 비용
② obstacle 장애물
③ advantage 장점
④ opportunity 기회

어휘 technology 기술 continue 계속하다 narrow 좁히다 linguistic 언어적인 gap 격차 barrier 장벽 major 주요한 pursue 해 나가다, 추구하다 abroad 해외에서

어휘 PLUS obstacle(장애물)의 유의어
= problem, impediment, complication

DAY | 12

115 밑줄 친 부분에 들어갈 말로 가장 적절한 것을 고르시오.

John Timmons
Hi. I need to give a presentation to some clients tomorrow. Will you be working from home or in our shared office?
9:20 a.m.

Ellie Santos
I'll be working in the office tomorrow. But I can leave for a while to give you the space.
9:21 a.m.

John Timmons
Oh. Thanks. That would be so great. It'll only last about 30 minutes.
9:23 a.m.

Ellie Santos
_____
9:24 a.m.

John Timmons
It'll be just before noon. I've told everyone that we'll start at 11:30.
9:25 a.m.

Ellie Santos
Oh, that's perfect. I'll just go to lunch a bit early.
9:27 a.m.

① What's the topic of the presentation?
② When exactly do you plan to have the presentation?
③ Do you mind if I meet your clients in the morning?
④ Where do you think I should go during the presentation?

115 When exactly do you plan to have the presentation?

발표를 정확히 언제 하실 계획이신가요?

정답 ②

해설 빈칸 뒤에서 John Timmons가 It'll be just before noon(정오 직전이에요)이라고 말하고 있으므로, 빈칸에는 '② 발표를 정확히 언제 하실 계획이신가요?(When exactly do you plan to have the presentation?)'가 들어가야 자연스럽다.

해석
> John Timmons: 안녕하세요. 제가 내일 몇몇 고객들에게 발표를 해야 하는데요. 내일 재택근무 하시나요, 아니면 공유 사무실에서 일하시나요? (오전 9:20)
> Ellie Santos: 저는 내일 사무실에서 일할 거예요. 하지만 잠깐 나가서 자리를 내어 드릴 수 있어요. (오전 9:21)
> John Timmons: 오, 감사해요. 그래 주시면 정말 좋겠어요. 30분 정도밖에 안 걸릴 거예요. (오전 9:23)
> Ellie Santos: 발표를 정확히 언제 하실 계획이신가요? (오전 9:24)
> John Timmons: 정오 직전이에요. 저는 모두에게 11시 30분에 시작한다고 말씀드렸어요. (오전 9:25)
> Ellie Santos: 오, 아주 좋네요. 저는 그냥 조금 일찍 점심을 먹으러 갈게요. (오전 9:27)

① 발표의 주제는 무엇인가요?
② 발표를 정확히 언제 하실 계획이신가요?
③ 아침에 제가 당신의 고객들을 만나도 될까요?
④ 발표 중에 저는 어디로 가야 할까요?

어휘 client 고객, 의뢰인 shared office 공유 사무실

표현 PLUS 발표할 때 쓸 수 있는 표현
- Today, we'll be talking about ~. 오늘은 ~에 대해 이야기할 것입니다.
- Let me elaborate on that a bit further. 그 부분에 대해 좀 더 자세히 설명해 드리겠습니다.
- Let's move on to the next point. 다음 주제로 넘어가겠습니다.
- Thank you for your attention. 경청해 주셔서 감사합니다.

116 밑줄 친 부분에 들어갈 말로 가장 적절한 것을 고르시오.

After nearly a decade of fighting, the two nations officially agreed to a _____ that would end the war and establish diplomatic ties between the two countries.

① suggestion
② treaty
③ deception
④ quarrel

117 밑줄 친 부분에 들어갈 말로 가장 적절한 것을 고르시오.

The chef's _____ idea of labeling sauces—using color-coded rubber bands around identical containers—saved hours in the busy kitchen and reduced constant mix-ups during rush hours.

① crude
② frivolous
③ ingenious
④ impractical

118 밑줄 친 부분과 의미가 가장 가까운 것은?

Residents affected by the wildfire gathered what scarce belongings they could from the ashes where their homes once stood.

① officious
② meager
③ excessive
④ colossal

116 treaty 조약

정답 ②

해석 대략 10년에 걸친 교전 끝에, 두 나라는 전쟁을 끝내고 두 나라 사이에 외교적 관계를 수립하는 조약에 공식적으로 동의했다.
① suggestion 제안
② treaty 조약
③ deception 속임
④ quarrel 싸움

어휘 decade 10년 establish 수립하다, 설립하다 diplomatic 외교의 tie 관계, 유대; 묶다

어휘 PLUS treaty(조약)의 유의어
= pact, agreement, deal, accord, alliance, contract

117 ingenious 기발한

정답 ③

해석 동일한 용기에 색깔로 구분된 고무줄을 사용하는 요리사의 기발한 소스 분류 아이디어가 바쁜 주방에서 시간을 절약했고 혼잡한 시간 동안 거듭되는 혼란을 줄였다.
① crude 허술한
② frivolous 경솔한
③ ingenious 기발한
④ impractical 터무니없는

어휘 label 분류하다 rubber 고무 identical 동일한 container 용기 save 절약하다 reduce 줄이다 constant 거듭되는, 지속적인 mix-up 혼란

어휘 PLUS ingenious(기발한)의 유의어
= clever, smart, inventive

118 scarce 조금밖에 없는 (= meager)

정답 ②

해석 산불에 영향을 받은 주민들은 한 때 그들의 집이 있었던 잿더미로부터 조금밖에 없는 재산을 그들이 할 수 있는 만큼 챙겼다.
① officious 참견하기 좋아하는
② meager 얼마 안 되는
③ excessive 지나친
④ colossal 엄청난

어휘 resident 주민 wildfire 산불, 들불 gather 챙기다, 모으다 belongings 재산, 소지품 stand (어떤 위치에) 있다

어휘 PLUS scarce(조금밖에 없는)의 유의어
= paltry, scanty, insufficient

DAY | 12

적중 예상 문제

119 밑줄 친 부분에 들어갈 말로 가장 적절한 것을 고르시오.

Financial literacy programs introduce students to _____ fundamentals by showing how exchange rates affect international trade.

① utility
② debt
③ currency
④ commodity

120 밑줄 친 부분에 들어갈 말로 가장 적절한 것을 고르시오.

The undercover police officer made a(n) _____ recording of the criminals' conversation, which was later used as key evidence to sentence them to many years in prison.

① permissible
② luminous
③ active
④ covert

119 currency 통화

정답 ③

해석 금융 문해력 프로그램은 학생들에게 환율이 국제 무역에 어떻게 영향을 미치는지 보여줌으로써 **통화**의 기본 원리를 소개한다.
① utility 유용성　　　　　　　② debt 빚
③ currency 통화　　　　　　　④ commodity 상품

어휘 financial 금융의　literacy 문해력　introduce 소개하다　fundamental 기본 원리　exchange 환전　rate 비율　affect 영향을 미치다　trade 무역

어휘 PLUS currency(통화)의 유의어
= money, cash, legal tender

120 covert 은밀한

정답 ④

해석 그 위장한 경찰관은 범인들의 대화를 <u>은밀히</u> 녹음했는데, 이것은 나중에 그들에게 수년의 징역형을 선고하는 주요한 증거로 사용되었다.
① permissible 허용되는　　　　② luminous 빛나는
③ active 활발한　　　　　　　　④ covert 은밀한

어휘 undercover 위장한　criminal 범인　sentence (형을) 선고하다; 판결

어휘 PLUS covert(은밀한)의 유의어
= surreptitious, secret, clandestine, undercover, private

DAY | 13

121 밑줄 친 부분에 들어갈 말로 가장 적절한 것을 고르시오.

Although he was initially opposed to the deal, he became _____ to it after further negotiations.

① open
② immune
③ cynical
④ detached

122 밑줄 친 부분에 들어갈 말로 가장 적절한 것을 고르시오.

The hotel manager promptly addressed the guest's _____ about the noisy air conditioner by offering a room change and free breakfast.

① observation
② testimony
③ complaint
④ proposal

123 밑줄 친 부분에 들어갈 말로 가장 적절한 것을 고르시오.

He knew he would eventually _____ those days with fondness and appreciate what happened then.

① assess
② recall
③ imagine
④ overlook

121 open 마음을 연

정답 ①

해석 비록 그가 처음에는 그 거래에 반대했지만, 그는 추가적인 협상 후에 그것에 마음을 열게 되었다.
① open 마음을 연
② immune 영향을 받지 않는
③ cynical 냉소적인
④ detached 무심한

어휘 initially 처음에 be opposed to ~에 반대하다 negotiation 협상

어휘 PLUS open(마음을 연)의 유의어
= receptive, amenable

122 complaint 불만

정답 ③

해석 호텔 관리인은 시끄러운 에어컨에 대한 손님의 불만을 객실 변경과 무료 아침식사를 제공함으로써 신속하게 해결하였다.
① observation 관찰
② testimony 증언
③ complaint 불만
④ proposal 제안

어휘 promptly 신속하게 address 해결하다 noisy 시끄러운 offer 제공하다

어휘 PLUS complaint(불만)의 유의어
= grievance, protest, objection to

123 recall 회상하다

정답 ②

해석 그는 그가 결국에는 애정을 가지고 그날들을 회상하고 그때 일어난 일을 감사히 여기리라는 것을 알았다.
① assess 평가하다
② recall 회상하다
③ imagine 상상하다
④ overlook 간과하다

어휘 fondness 애정, 아주 좋아함 appreciate 감사히 여기다

어휘 PLUS recall(회상하다)과 유사한 의미의 표현
= remember, recollect, think back on, call to mind

DAY 13

124 밑줄 친 부분에 들어갈 말로 가장 적절한 것을 고르시오.

> A: Can you tell me how much this reclining chair is going for?
> B: I believe it's $90.
> A: That seems a little much. Is it possible you could bring it down further?
> B: I'm sorry, but it's already being discounted by 20 percent, so that's the lowest I can go.
> A: _____
> B: There's a storewide sale event taking place this week.

① Go down the fourth aisle.
② I bought it on sale last week.
③ I wasn't aware of that.
④ Which store is selling it?

125 밑줄 친 부분에 들어갈 말로 가장 적절한 것을 고르시오.

> The employee's _____ comments showed an utter disregard for the feelings of his colleagues, often offending them with his brash nature.

① generous
② insightful
③ insensitive
④ fragile

124 I wasn't aware of that. 제가 그건 몰랐네요. 정답 ③

해설 가격을 좀 더 깎아줄 수 있냐는 A의 질문에 대해 B가 이미 할인된 가격이라 가장 저렴한 가격이라고 대답한 후, 빈칸 뒤에서 다시 B가 There's a storewide sale event taking place this week(이번 주에 점포 전체의 할인 행사가 진행 중이거든요)라고 말하고 있으므로, 빈칸에는 '③ 제가 그건 몰랐네요(I wasn't aware of that)'가 들어가야 자연스럽다.

해석
> A: 이 안락의자가 얼마의 값어치가 있는지 제게 말씀해주실 수 있나요?
> B: 제가 알기론 그건 90달러예요.
> A: 그건 조금 비싼 것 같네요. 그것(가격)을 조금 더 깎아주실 수 있나요?
> B: 죄송하지만, 이건 이미 20퍼센트 할인 중이어서, 이게 제가 드릴 수 있는 가장 저렴한 가격이에요.
> A: 제가 그건 몰랐네요.
> B: 이번 주에 점포 전체의 할인 행사가 진행 중이거든요.

① 네 번째 통로로 내려가세요.
② 저는 지난주 할인 판매에서 그것을 샀어요.
③ 제가 그건 몰랐네요.
④ 어느 상점에서 그것을 팔고 있나요?

어휘 reclining chair 안락의자 go for ~의 값어치가 있다 storewide 점포 전체의 aisle 통로, 복도

표현 PLUS 무언가에 대해 모를 때 쓸 수 있는 표현
· I've been kept in the dark. 저는 그것에 대해 아무것도 모르고 있었어요.
· I've been out of the loop. 저는 (정보에서) 배제되었어요.
· I'm not up to date. 저는 최신 정보를 몰라요.
· No one informed me of that. 아무도 나에게 그것을 알려주지 않았어요.

125 insensitive 냉담한 정답 ③

해석 그 직원의 냉담한 발언은 동료들의 감정에 대한 완전한 무시를 보여주었고, 그는 종종 그의 경솔한 성격으로 그들(동료들)을 불쾌하게 했다.

① generous 너그러운
② insightful 통찰력 있는
③ insensitive 냉담한
④ fragile 취약한

어휘 utter 완전한, 순전한 disregard 무시 colleague 동료 offend 불쾌하게 하다 brash 경솔한, 무모한

어휘 PLUS insensitive(냉담한)의 유의어
= callous, heartless, unsympathetic, uncaring, pitiless

126 밑줄 친 부분에 들어갈 말로 가장 적절한 것을 고르시오.

Emma
Hi. I'm having a problem with my phone. Could you give me some assistance?
10:20 a.m.

 Brown
Of course. What is the problem?
10:22 a.m.

Emma
Since I updated the software, my alarm clock function has not been working properly.
10:22 a.m.

 Brown
Oh, I see. That's actually a bug in the software that's been fixed.
10:24 a.m.

Emma
But I'm still having the problem today.
10:25 a.m.

 Brown
Did you install the latest software that came out this morning?
10:26 a.m.

Emma
_____
10:26 a.m.

 Brown
Try getting the new version. That should fix the problem.
10:27 a.m.

① Yes. It seems to have made a big difference.
② No. I'd like to give you some feedback on it.
③ Yes. I always download the official version.
④ No. I last updated it two days ago.

126   No. I last updated it two days ago. 아니요. 저는 이틀 전에 마지막으로 업데이트했어요.

정답 ④

해설 빈칸 앞에서 Brown이 Did you install the latest software that came out this morning(오늘 아침에 나온 최신 소프트웨어를 설치하셨나요)이라고 말하고 있고, 빈칸 뒤에서 Brown이 다시 Try getting the new version(새로운 버전을 설치해 보세요)이라고 말하고 있으므로, 빈칸에는 '④ 아니요. 저는 이틀 전에 마지막으로 업데이트했어요(No. I last updated it two days ago)'가 들어가야 자연스럽다.

해석

> Emma: 안녕하세요. 제 휴대전화에 문제가 있는데요. 좀 도와주실 수 있나요? (오전 10:20)
> Brown: 물론이죠. 문제가 무엇인가요? (오전 10:22)
> Emma: 소프트웨어를 업데이트한 이후로 알람 시계 기능이 제대로 작동하지 않고 있어요. (오전 10:22)
> Brown: 아, 그렇군요. 사실 그건 이미 수정된 소프트웨어 오류예요. (오전 10:24)
> Emma: 그런데 오늘도 여전히 문제가 있어요. (오전 10:25)
> Brown: 오늘 아침에 나온 최신 소프트웨어를 설치하셨나요? (오전 10:26)
> Emma: 아니요. 저는 이틀 전에 마지막으로 업데이트했어요. (오전 10:26)
> Brown: 새로운 버전을 설치해 보세요. 그 문제를 해결해 줄 거예요. (오전 10:27)

① 네. 큰 차이를 가져온 것 같아요.
② 아니요. 그것에 대해 몇 가지 피드백을 드리고 싶어요.
③ 네. 저는 항상 정식 버전을 다운로드해요.
④ 아니요. 저는 이틀 전에 마지막으로 업데이트했어요.

어휘 assistance 도움   properly 제대로   bug 오류   make a difference 차이를 가져오다, 영향을 주다   official 정식의, 공식적인

표현 PLUS 도움을 요청할 때 쓸 수 있는 표현
· Could you help me with ~? ~을 도와주실 수 있으신가요?
· Would you be able to assist me with ~? ~을 도와주실 수 있으신가요?
· I could use some help with ~. ~에 대한 도움이 필요합니다.
· Could you give me a hand with ~? ~을 도와주실 수 있나요?

DAY | 13

127 밑줄 친 부분에 들어갈 말로 가장 적절한 것을 고르시오.

> The new device is _____, functioning both as a PC replacement and as a serviceable tablet.

① rampant
② thrifty
③ adversarial
④ versatile

128 밑줄 친 부분에 들어갈 말로 가장 적절한 것을 고르시오.

> The social media influencer was _____ of promoting products without disclosing paid partnerships, violating advertising regulations and misleading followers.

① consisted
② accused
③ approved
④ reminded

127 versatile 다용도의 정답 ④

해석 그 새로운 기기는 <u>다용도</u>인데, 컴퓨터의 대체물 겸 편리한 태블릿으로서의 기능을 한다.
① rampant 만연하는   ② thrifty 절약하는
③ adversarial 적대적인   ④ versatile 다용도의

어휘 replacement 대체물   serviceable 편리한

어휘 PLUS versatile(다용도의)의 유의어
= all-purpose, multifaceted, well-rounded, many-sided, adaptable, pliable, flexible

128 accuse 비난하다 정답 ②

해석 그 소셜 미디어 인플루언서는 유급의 제휴를 공개하지 않고 제품을 홍보하여, 광고 규정을 위반하고 팔로워들을 오해시킨 것으로 <u>비난받았다</u>.
① consisted 이루어진   ② accused 비난받는
③ approved 승인되는   ④ reminded 상기되는

어휘 promote 홍보하다   disclose 공개하다   paid 유급의, 보수가 주어지는   violate 위반하다   regulation 규정   mislead 오해시키다

어휘 PLUS accuse(비난하다)의 유의어
= blame, charge with, denounce for

적중 예상 문제

129 밑줄 친 부분에 들어갈 말로 가장 적절한 것을 고르시오.

> Weather forecasters employ sophisticated _____ models and advanced computer simulations to predict atmospheric conditions and provide accurate meteorological information to the public.

① analytical
② notorious
③ primitive
④ arbitrary

130 밑줄 친 부분에 들어갈 말로 가장 적절한 것을 고르시오.

> Lawmakers attempted to explain the philosophies and ideals that would _____ the new legislation and provide its framework.

① unsettle
② demolish
③ bolster
④ overhaul

129 analytical 분석적인

정답 ①

해석 기상 캐스터들은 대기 상태를 예측하고 대중에게 정확한 기상학적 정보를 제공하기 위해 정교한 <u>분석적인</u> 모델들과 발전된 컴퓨터 시뮬레이션을 사용한다.

① analytical 분석적인
② notorious 악명 높은
③ primitive 원시적인
④ arbitrary 자의적인

어휘 employ 사용하다   sophisticated 정교한   advanced 발전된   predict 예측하다   atmospheric 대기의   condition 상태, 환경   accurate 정확한   meteorological 기상학적인

어휘 PLUS analytical(분석적인)의 유의어
= computational, data-driven, diagnostic

130 bolster 뒷받침하다

정답 ③

해석 국회의원들은 새 법률을 <u>뒷받침하고</u> 그것의 틀을 마련해 줄 철학과 이상을 설명하려고 시도했다.

① unsettle 동요시키다
② demolish (사상·이론을) 뒤집다
③ bolster 뒷받침하다
④ overhaul 점검하다

어휘 lawmaker 국회의원   philosophy 철학   ideal 이상; 이상적인   legislation 법률, 입법

어휘 PLUS bolster(뒷받침하다)의 유의어
= underpin, support

DAY | 14

131 밑줄 친 부분에 들어갈 말로 가장 적절한 것을 고르시오.

> When the relatively unknown director was given a major award for his latest film, he accepted it with grace and _____, making sure to thank each and every person that had helped him out with the film.

① apathy
② embarrassment
③ humility
④ obedience

132 밑줄 친 부분에 들어갈 말로 가장 적절한 것을 고르시오.

> Mastering knife skills is a _____ required of every culinary student before any advanced techniques are introduced in the program, as it helps build a foundation for professional growth.

① routine
② milestone
③ demonstration
④ prerequisite

133 밑줄 친 부분에 들어갈 말로 가장 적절한 것을 고르시오.

> Smallpox was successfully _____ through coordinated global vaccination campaigns led by the World Health Organization in the 1970s.

① restricted
② eradicated
③ documented
④ transferred

131 humility 겸손함
정답 ③

해석 비교적 알려지지 않은 감독이 그의 최신 영화로 주요 상을 받았을 때, 그는 품위와 <u>겸손함</u>을 가지고 그것(상)을 받았으며, 그의 영화를 도와주었던 각각의 모든 사람에게 빠짐없이 고마움을 전하려고 했다.

① apathy 무관심
② embarrassment 어색함
③ humility 겸손함
④ obedience 복종

어휘 relatively 비교적   grace 품위, 우아함

어휘 PLUS humility(겸손함)의 유의어
= humbleness, modesty, unpretentiousness

132 prerequisite 전제 조건
정답 ④

해석 프로그램에서 소개되는 어떠한 고급 기술들에 앞서 칼 기술을 숙달하는 것은 전문적인 성장을 위한 토대를 쌓아 올리는 데 도움이 되기 때문에 모든 요리 학교 학생들에게 요구되는 <u>전제 조건</u>이다.

① routine 일상
② milestone 이정표
③ demonstration 시범
④ prerequisite 전제 조건

어휘 master 숙달하다   culinary 요리의   advanced 고급의   foundation 토대   growth 성장

어휘 PLUS prerequisite(전제 조건)의 유의어
= requirement, necessity, condition

133 eradicate 박멸하다
정답 ②

해석 천연두는 1970년대에 세계보건기구가 이끈 조직화된 전 세계적인 예방접종 캠페인을 통해 성공적으로 <u>박멸되었다</u>.

① restricted 제한된
② eradicated 박멸된
③ documented 기록된
④ transferred 이전된

어휘 smallpox 천연두   coordinate 조직화하다   vaccination 예방접종

어휘 PLUS eradicate(박멸하다)의 유의어
= eliminate, wipe out, get rid of

DAY | 14

134 밑줄 친 부분에 들어갈 말로 가장 적절한 것을 고르시오.

Jake 13:41
Hello. Could I get some information on discounts available for group reservations?

Pinnacle Hotel 13:42
Good afternoon. We offer a 20 percent discount for group reservations.

Jake 13:43
_____

Pinnacle Hotel 13:43
You can get it for reservations of five or more rooms.

Jake 13:44
OK. We will need at least ten rooms for our group.

Pinnacle Hotel 13:44
Then you will qualify for the discount. Would you like to make a reservation now?

Jake 13:45
Actually, I need to confirm the exact number first.

Pinnacle Hotel 13:45
No problem. Contact us again whenever you're ready.

① What kinds of rooms do you offer?
② Does that include rooms with more than one bed?
③ How many rooms are required for the discount?
④ Can you tell me how many rooms are currently booked?

134 How many rooms are required for the discount?

정답 ③

할인을 받으려면 몇 개의 객실을 예약해야 하나요?

해설 빈칸 뒤에서 Pinnacle 호텔 직원이 You can get it for reservations of five or more rooms(5개 이상의 객실 예약에 대해 할인을 받으실 수 있습니다)라고 말하고 있으므로, 빈칸에는 '③ 할인을 받으려면 몇 개의 객실을 예약해야 하나요?(How many rooms are required for the discount?)'가 들어가야 자연스럽다.

해석
> Jake: 안녕하세요. 단체 예약 시 이용 가능한 할인 정보 좀 받을 수 있을까요? (13:41)
> Pinnacle 호텔: 안녕하세요. 저희는 단체 예약에 대해 20퍼센트 할인을 제공합니다. (13:42)
> Jake: 할인을 받으려면 몇 개의 객실을 예약해야 하나요? (13:43)
> Pinnacle 호텔: 5개 이상의 객실 예약에 대해 할인을 받으실 수 있습니다. (13:43)
> Jake: 알겠습니다. 저희는 단체를 위한 최소 10개의 객실이 필요합니다. (13:44)
> Pinnacle 호텔: 그렇다면 할인을 받으실 수 있습니다. 지금 예약하시겠어요? (13:44)
> Jake: 실은, 정확한 인원수를 먼저 확인해야 합니다. (13:45)
> Pinnacle 호텔: 괜찮습니다. 언제든 준비가 되시면 다시 연락해 주세요. (13:45)

① 어떤 종류의 객실을 제공하시나요?
② 침대가 두 개 이상 있는 객실을 포함하나요?
③ 할인을 받으려면 몇 개의 객실을 예약해야 하나요?
④ 현재 몇 개의 객실이 예약되어 있는지 알려주실 수 있나요?

어휘 discount 할인 reservation 예약 confirm 확인하다 exact 정확한

표현 PLUS 예약할 때 쓸 수 있는 표현
· I would like to make a reservation. 예약하고 싶습니다.
· Could you please confirm my reservation? 제 예약을 확인해 주실 수 있나요?
· Can I reserve a non-smoking room? 금연 객실을 예약할 수 있나요?
· I'd like to book a room with a view of the ocean. 바다가 보이는 객실을 예약하고 싶습니다.

DAY | 14

135 밑줄 친 부분에 들어갈 말로 가장 적절한 것을 고르시오.

> A: Is there someone you're here to see?
> B: Yes, I was hoping to speak to Mr. Carter, if he can spare a few minutes.
> A: _____.
> B: Oh... I should have called before coming here.
> A: Well, he'll be back on Monday morning.
> B: Then I'd better make an appointment.

① Yes, you can try calling again tomorrow
② I'm sorry, but he's out of town right now
③ I'll connect you as soon as he's available
④ Please take a seat in the waiting room

136 밑줄 친 부분에 들어갈 말로 가장 적절한 것을 고르시오.

> Medical researchers must _____ all potential side effects before releasing new treatments by running comprehensive clinical trials that span several years to ensure patient safety.

① anticipate   ② dismiss
③ fabricate   ④ exploit

135 I'm sorry, but he's out of town right now. 죄송하지만, 그는 지금 출장 중이에요.

정답 ②

해설 Carter씨와 얘기하고 싶다는 B의 말에 대해 A가 대답한 후, 빈칸 뒤에서 다시 B가 I should have called before coming here(이곳에 오기 전에 제가 전화할 걸 그랬네요)라고 말하고 있으므로, 빈칸에는 '② 죄송하지만, 그는 지금 출장 중이에요(I'm sorry, but he's out of town right now)'가 들어가야 자연스럽다.

해석
> A: 이곳에 당신이 만나러 온 사람이 있나요?
> B: 네, 저는 Carter씨가 잠깐 시간을 낼 수 있다면 그와 얘기하고 싶어요.
> A: 죄송하지만, 그는 지금 출장 중이에요.
> B: 오... 이곳에 오기 전에 제가 전화할 걸 그랬네요.
> A: 그런데, 그는 월요일 아침에 돌아올 거예요.
> B: 그렇다면 저는 약속을 잡는 게 낫겠네요.

① 네, 당신은 내일 다시 전화하는 것을 시도할 수 있어요
② 죄송하지만, 그는 지금 출장 중이에요
③ 그가 시간이 있을 때 제가 바로 당신에게 전화를 연결해 드리겠습니다
④ 대기실에 앉아 계세요

어휘 spare (시간·돈 등을) 내다, 할애하다 out of town 출장 중인

표현 PLUS 누군가가 부재중일 때 쓸 수 있는 표현
· I'm afraid he's unavailable today. 죄송하지만 그는 오늘 부재중입니다.
· I'm afraid to say he's out of the office. 죄송하지만 그는 오늘 사무실에 없습니다.
· I regret to tell you that he can't be reached today. 유감스럽지만 오늘은 그와 연락하실 수 없습니다.
· I'm sorry, but he's not in today. 죄송하지만, 그는 오늘 없습니다.

136 anticipate 예상하다

정답 ①

해석 의학 연구자들은 새로운 치료법을 출시하기 전에 환자들의 안전을 보장하기 위해 여러 해에 걸친 포괄적인 임상 실험을 시행함으로써 모든 잠재적인 부작용을 예상해야 한다.
① anticipate 예상하다
② dismiss 무시하다
③ fabricate 조작하다
④ exploit 이용하다

어휘 potential 잠재적인 release 출시하다 treatment 치료법 comprehensive 포괄적인 span 걸치다

어휘 PLUS anticipate(예상하다)의 유의어
= foresee, predict, expect, envision

DAY | 14

137 밑줄 친 부분에 들어갈 말로 가장 적절한 것을 고르시오.

> The employees liked the manager because she was friendly, while the CEO appreciated that she never once failed to _____ the rules and standards of the workplace.

① uphold
③ disapprove
② shun
④ divide

138 밑줄 친 부분에 들어갈 말로 가장 적절한 것을 고르시오.

> Before sharing articles or posts online, it is advisable to make sure they come from a _____ source to avoid spreading misinformation.

① different
③ convenient
② common
④ reputable

137 uphold 지키다

정답 ①

해석 직원들은 그 관리자가 친절했기 때문에 그녀를 좋아했고, 동시에 최고경영자는 그녀가 직장에서 규정과 기준을 지키지 못한 적이 한 번도 없었다는 점을 높이 평가했다.

① uphold 지키다　　　　② shun 피하다
③ disapprove 못마땅해하다　④ divide 나누다

어휘 appreciate 높이 평가하다, 인정하다

어휘 PLUS uphold(지키다)의 유의어
= sustain, support, defend

138 reputable 공신력 있는

정답 ④

해석 기사나 게시물을 온라인에 공유하기 전에, 잘못된 정보가 확산하는 것을 방지하기 위해 그것(기사나 게시물)이 공신력 있는 출처에서 나온 것인지 확인하는 것이 바람직하다.

① different 다른　　　② common 공통의
③ convenient 편리한　④ reputable 공신력 있는

어휘 article 기사　post 게시물　advisable 바람직한, 권할 만한　source 출처, 원천, 근본, 자료

어휘 PLUS reputable(공신력 있는)의 유의어
= respectable, reliable

DAY | 14

적중 예상 문제

139 밑줄 친 부분에 들어갈 말로 가장 적절한 것을 고르시오.

> The audience in the movie theater began to express _____ as the evil villain captured the superhero and threatened to destroy the entire planet.

① gratitude ② anxiety
③ assurance ④ tranquility

140 밑줄 친 부분에 들어갈 말로 가장 적절한 것을 고르시오.

> Companies _____ feedback from customers through surveys, focus groups, and online reviews to improve product quality and customer service experiences.

① notify ② arrange
③ solicit ④ warn

139 anxiety 걱정

정답 ②

해석 사악한 악당이 영웅을 포로로 잡고 전 지구를 파괴하겠다고 위협하자 영화관의 관객들은 걱정을 표하기 시작했다.
① gratitude 감사
② anxiety 걱정
③ assurance 확신
④ tranquility 평온함

어휘 evil 사악한   villain 악당   capture 포로로 잡다, 붙잡다

어휘 PLUS anxiety(걱정)의 유의어
= solicitude, concern, unease, worry, apprehension

140 solicit 요청하다

정답 ③

해석 기업들은 제품의 품질과 고객 서비스 경험을 개선하기 위해 설문조사, 포커스 그룹, 그리고 온라인 리뷰를 통해 고객들로부터 피드백을 요청한다.
① notify 알리다
② arrange 배열하다
③ solicit 요청하다
④ warn 경고하다

어휘 survey 설문조사   focus group 포커스 그룹(테스트할 상품에 대해 토의하는 소비자 그룹)   improve 개선하다   quality 품질   experience 경험

어휘 PLUS solicit(요청하다)의 유의어
= request, ask for, seek, invite

DAY | 15

141 밑줄 친 부분에 들어갈 말로 가장 적절한 것을 고르시오.

> Many companies nowadays have ended their _____ of paper flyers and are targeting online audiences instead.

① majority
② repair
③ storage
④ distribution

142 두 사람의 대화 중 가장 어색한 것은?

① A: Where did you get your dress? It's really pretty.
   B: It belongs to my sister.
② A: How long was the drive from here to Busan?
   B: Five hours. Have you ever been there?
③ A: Have you seen Amy around the office lately?
   B: Just this morning.
④ A: How long did it take to get to New York?
   B: I went to New York in May.

141 distribution 배포

정답 ④

해석 많은 회사들은 오늘날 그들의 종이 전단의 <u>배포</u>를 그만두었고 그 대신 온라인 독자들을 목표로 삼고 있다.
① majority 다수
② repair 수리
③ storage 저장
④ distribution 배포

어휘 flyer 전단, 광고물   target ~을 목표로 삼다, ~를 겨냥하다

어휘 PLUS distribution(배포)의 유의어
= dissemination, circulation, propagation, promulgation, spread

142 I went to New York in May. 나는 5월에 뉴욕에 갔어.

정답 ④

해설 ④번에서 A는 뉴욕에 가는 데 시간이 얼마나 걸렸는지에 대해 묻고 있으므로, 뉴욕에 간 시점을 나타내는 B의 대답 I went to New York in May(나는 5월에 뉴욕에 갔어)는 어울리지 않는다.

해석
① A: 너는 네 드레스를 어디서 샀니? 정말 예쁘다.
   B: 이건 나의 언니 거야.
② A: 너는 여기에서 부산까지 차로 얼마나 걸렸니?
   B: 다섯 시간 (걸렸어). 너는 그곳에 가본 적 있니?
③ A: 너는 최근에 사무실에서 Amy를 본 적 있니?
   B: 바로 오늘 아침에 (봤어).
④ A: 뉴욕에 가는 데 얼마나 걸렸니?
   B: 나는 5월에 뉴욕에 갔어.

어휘 belong ~의 것이다   lately 최근에

표현 PLUS 여행과 관련된 표현
- hit the road 여행을 떠나다
- pack light 짐을 가볍게 싸다
- travel off the beaten path 사람들이 잘 안 가는 곳을 여행하다
- live out of a suitcase 떠돌이 생활을 하다

DAY | 15

143 다음 빈칸에 들어갈 말로 가장 적절한 것은?

> Being exposed to radiation temporarily, such as during an X-ray, is relatively safe. However, _____ exposure over long periods can increase the risk of getting cancer.

① obscure
② urgent
③ sturdy
④ incessant

144 다음 빈칸에 들어갈 말로 가장 적절한 것은?

> Having been away from his hometown for nearly two decades, he was in utter disbelief when he learned how high the _____ to cross the bridge was after all these years.

① toll
② quota
③ turnover
④ surplus

143 incessant 끊임없는 정답 ④

해석 엑스레이 촬영 때와 같이, 일시적으로 방사선에 노출되는 것은 상대적으로 안전하다. 그러나, 오랜 기간에 걸친 끊임없는 노출은 암에 걸릴 위험을 증가시킬 수 있다.

① obscure 불분명한 ② urgent 긴급한
③ sturdy 견고한 ④ incessant 끊임없는

어휘 radiation 방사선   temporarily 일시적으로   relatively 상대적으로   exposure 노출

어휘 PLUS incessant(끊임없는)의 유의어
= ceaseless, never-ending, continual

144 toll 요금 정답 ①

해석 거의 20년 동안 그의 고향을 떠나 있었기 때문에, 그 오랜 세월이 지난 후 다리를 건너기 위한 요금이 얼마나 비싼지를 알게 되었을 때 그는 완전히 믿을 수 없었다.

① toll 요금 ② quota 할당량
③ turnover 매출 ④ surplus 흑자

어휘 decade 10년   utter 완전한   in disbelief 믿을 수 없는

어휘 PLUS toll(요금)의 유의어
= cost, expense, price

DAY | 15

145 밑줄 친 부분에 들어갈 말로 가장 적절한 것을 고르시오.

> Attempts by the broadcast corporation to _____ the release of their new drama series proved too effective, to the extent that the show failed to meet viewers' high expectations with its first episode.

① publicize
② retail
③ obstruct
④ maintain

146 밑줄 친 부분에 들어갈 말로 가장 적절한 것을 고르시오.

> Though the infrastructure of the tiny island was rebuilt in a matter of months, the disastrous tsunami had _____ psychological effects on its citizens.

① spontaneous
② lingering
③ superficial
④ opposite

147 밑줄 친 부분에 들어갈 말로 가장 적절한 것을 고르시오.

> Food trucks have _____ in downtown business districts, providing affordable dining options for office workers and creating vibrant street food cultures.

① flourished
② minimized
③ disappeared
④ suffered

145 publicize 광고하다   정답 ①

해석 그들의 새로운 드라마 시리즈의 출시를 광고하려 했던 방송사의 시도들은 그 프로그램이 그것의 첫 번째 에피소드에 대한 시청자들의 높은 기대를 만족시키지 못할 정도로 지나치게 효과적이었다고 판명되었다.

① publicize 광고하다
② retail 자세히 이야기하다
③ obstruct 막다
④ maintain 유지하다

어휘 broadcast corporation 방송사   release 공개, 석방   to the extent that ~할 정도로   meet expectations 기대를 만족시키다

어휘 PLUS publicize(광고하다)의 유의어
= hype, promote, advertise

146 lingering 오래 지속되는   정답 ②

해석 비록 그 작은 섬의 사회 기반 시설들이 불과 몇 달 만에 재건되었지만, 그 파괴적인 쓰나미는 섬 시민들에게 오래 지속되는 심리적 영향을 미쳤다.

① spontaneous 자발적인
② lingering 오래 지속되는
③ superficial 피상적인
④ opposite 반대의

어휘 infrastructure 사회 기반 시설   disastrous 파괴적인   tsunami 쓰나미(지진에 의한 해일)   psychological 심리적인, 정신의

어휘 PLUS lingering(오래 지속되는)의 유의어
= residual, remaining, persisting, prolonged

147 flourish 번창하다   정답 ①

해석 푸드 트럭들은 시내 상업 지구에서 번창하여, 사무직 근로자들에게 적당한 가격의 식사 선택권을 제공하고 활기찬 길거리 음식 문화를 만들어내고 있다.

① flourished 번창했다
② minimized 최소화했다
③ disappeared 사라졌다
④ suffered 고통받았다

어휘 downtown 시내의   district 지구, 구역   affordable 적당한 가격의   dining 식사   option 선택권   vibrant 활기찬

어휘 PLUS flourish(번창하다)의 유의어
= thrive, prosper, bloom

DAY | 15

148 밑줄 친 부분에 들어갈 말로 가장 적절한 것을 고르시오.

Juliet Sanders
Good afternoon. I need help with an order of office supplies from your company.
1:30 p.m.

Derek Clayton
Thank you for your purchase. How can I help you?
1:31 p.m.

Juliet Sanders
I received the delivery this morning. However, there was no invoice with the shipment. I need to have one in order for my company to approve the payment for the items.
1:33 p.m.

Derek Clayton
_____
1:34 p.m.

Juliet Sanders
No. A digital copy is fine. If you could email it to me, that would be perfect.
1:35 p.m.

Derek Clayton
OK. I will send the invoice to the email address you used when making the order.
1:37 p.m.

① Are there any problems with the items you received?
② Where would you like me to send the invoice?
③ Could you please tell me the order number?
④ Do you need a printed version?

148 Do you need a printed version? 인쇄본이 필요하신가요?

정답 ④

해설 빈칸 뒤에서 Juliet Sanders가 No. A digital copy is fine(아니요. 디지털 사본도 괜찮습니다)이라고 말하고 있으므로, 빈칸에는 '④ 인쇄본이 필요하신가요?(Do you need a printed version?)'가 들어가야 자연스럽다.

해석

> Juliet Sanders: 안녕하세요. 귀사 사무용품의 주문에 대한 도움이 필요합니다. (오후 1:30)
> Derek Clayton: 구매해 주셔서 감사합니다. 무엇을 도와드릴까요? (오후 1:31)
> Juliet Sanders: 오늘 아침에 배송을 받았습니다. 하지만, 배송물에 청구서가 없었어요. 제 회사에서 물품 대금을 승인해 주려면 청구서가 있어야 해요. (오후 1:33)
> Derek Clayton: 인쇄본이 필요하신가요? (오후 1:34)
> Juliet Sanders: 아니요. 디지털 사본도 괜찮습니다. 이메일로 그것을 제게 보내주시면 아주 좋을 것 같습니다. (오후 1:35)
> Derek Clayton: 알겠습니다. 주문할 때 사용하신 이메일 주소로 청구서를 보내드리겠습니다. (오후 1:37)

① 받으신 상품에 문제가 있나요?
② 청구서를 어디로 보내드리면 될까요?
③ 주문 번호를 말씀해 주시겠습니까?
④ 인쇄본이 필요하신가요?

어휘 office supply 사무용품   invoice 청구서, 송장   shipment 배송(물), 수송   approve 승인하다   payment 대금, 지급

표현 PLUS 도움을 제공할 때 쓸 수 있는 표현
· I can help you with that. 제가 그것을 도와드릴 수 있습니다.
· I'm happy to assist you with ~. ~에 대해 기꺼이 도와드리겠습니다.
· Let me know if you need any assistance. 도움이 필요하면 알려 주세요.
· Is there anything I can do for you? 제가 해드릴 일이 있나요?

DAY | 15

적중 예상 문제

149 밑줄 친 부분에 들어갈 말로 가장 적절한 것을 고르시오.

> Leadership qualities become _____ during organizational crises when decisive action, clear communication, and strategic thinking determine whether an outcome is successful or not.

① ordinary
② serious
③ professional
④ pivotal

150 밑줄 친 부분에 들어갈 말로 가장 적절한 것을 고르시오.

> Excessive use of antibiotics can _____ the effectiveness of treatment by contributing to antibiotic resistance and causing digestive issues such as nausea and diarrhea.

① disguise
② enhance
③ diminish
④ sustain

149 pivotal 중요한

정답 ④

해석 리더십 자질들은 결정적인 행동, 명확한 의사소통, 그리고 전략적 사고가 결과가 성공인지 아닌지를 결정하는 조직의 위기 동안 <u>중요해</u>진다.

① ordinary 평범한
② serious 심각한
③ professional 전문적인
④ pivotal 중요한

어휘 crisis 위기 decisive 결정적인 thinking 사고 determine 결정하다 outcome 결과

어휘 PLUS pivotal(중요한)의 유의어
= crucial, essential, vital, important

150 diminish 감소시키다

정답 ③

해석 항생제의 과도한 사용은 항생제 내성에 기여하고 메스꺼움과 설사와 같은 소화기 문제들을 초래함으로써 치료의 효과를 <u>감소시킬</u> 수 있다.

① disguise 속이다
② enhance 향상시키다
③ diminish 감소시키다
④ sustain 지속하다

어휘 excessive 과도한 antibiotic 항생제 effectiveness 효과 contribute 기여하다 resistance 내성 digestive 소화기의 nausea 메스꺼움 diarrhea 설사

어휘 PLUS diminish(감소시키다)의 유의어
= reduce, decrease, weaken

DAY | 16

151 밑줄 친 부분에 들어갈 말로 가장 적절한 것을 고르시오.

> The celebrity has been criticized for _____ his fame by using his massive social media following to promote questionable diet products aimed at impressionable young fans.

① violating
② escalating
③ betraying
④ abusing

152 밑줄 친 부분에 들어갈 말로 가장 적절한 것을 고르시오.

> A: Did you get that memo about the new dress code policy for company dinners?
> B: _____.
> A: Ah, then I'll forward you a copy so there are no surprises.
> B: What do I need to know?
> A: The new dress code will be significantly more formal than before.
> B: That's good to know. I'll have a look and adjust my attire accordingly.
> A: Management will appreciate that.

① It hasn't come across my desk
② The policy has been duly noted
③ We have a reservation at 7
④ I'm scribbling in the margins

151　abuse 남용하다　　　정답 ④

해석　그 연예인은 영향을 받기 쉬운 어린 팬들을 대상으로 의심스러운 다이어트 제품을 홍보하기 위해 그의 거대한 소셜 미디어 팔로워층을 이용함으로써 그의 명성을 남용한 것으로 비판을 받아왔다.

① violating 위반한 것
② escalating 확대시킨 것
③ betraying 배신한 것
④ abusing 남용한 것

어휘　celebrity 연예인　criticize 비판하다　fame 명성　massive 거대한　following 팔로워층, 추종자　promote 홍보하다　questionable 의심스러운　impressionable (아직 어려서) 영향을 받기 쉬운

어휘 PLUS　abuse(남용하다)의 유의어
= misuse, exploit, take advantage of

152　It hasn't come across my desk. 그건 제게 전달되지 않았어요.　　　정답 ①

해설　회식 복장 규정에 대한 메모를 받았는지 물어보는 A의 말에 B가 대답한 후, 빈칸 뒤에서 A가 then I'll forward you a copy so there are no surprises(그럼 놀라지 않도록 제가 한 부 전달해 줄게요)라고 말하고 있으므로, 빈칸에는 '① 그건 제게 전달되지 않았어요(It hasn't come across my desk)'가 들어가야 자연스럽다.

해석
> A: 당신은 회식에서의 새로운 복장 규정에 관한 메모를 받았나요?
> B: 그건 제게 전달되지 않았어요.
> A: 아, 그럼 놀라지 않도록 제가 한 부 전달해 줄게요.
> B: 제가 알아야 하는 게 무엇인가요?
> A: 새로운 복장 규정은 전보다 훨씬 더 격식을 차려야 할 거예요.
> B: 알게 되어 다행이에요. 제가 한 번 보고 그것에 맞게 복장을 단정히 할게요.
> A: 경영진이 고맙게 여길 거예요.

① 그건 제게 전달되지 않았어요
② 규정이 적절한 때에 언급되었네요
③ 우리는 일곱 시에 예약이 있어요
④ 저는 여백에 갈겨쓰고 있어요

어휘　forward 전달하다　adjust 단정히 하다, 조정하다　attire 복장　duly 적절한 때에　scribble 갈겨쓰다　margin 여백

표현 PLUS　정보가 전달되지 않았을 때 쓸 수 있는 표현
· I haven't heard anything yet. 저는 아직 아무것도 듣지 못했어요.
· That information hasn't reached me yet. 그 소식이 아직 저한테는 안 왔어요.
· I wasn't told. 저는 못 들었어요.

DAY | 16

153 밑줄 친 부분에 들어갈 말로 가장 적절한 것을 고르시오.

> It is prudent to _____ feelings of frustration now and again because it will help you relieve anxiety and stress.

① express
② repress
③ pamper
④ constrain

154 밑줄 친 부분에 들어갈 말로 가장 적절한 것은?

> The mayor announced today that he will see to it that environmental risk assessments are _____ prior to the approval of any new construction project. He stressed to manufacturing companies that performing the evaluations was crucial to keeping pollution levels down.

① passed over
② turned down
③ carried out
④ settled down

155 밑줄 친 부분에 들어갈 말로 가장 적절한 것을 고르시오.

> He grew _____ after spending countless hours performing backbreaking labor in a repetitive work environment.

① excluded
② weary
③ confident
④ curious

153 express 표현하다 정답 ①

해석 때때로 좌절감을 표현하는 것은 현명한데 이것은 당신이 불안감과 스트레스를 완화하도록 돕기 때문이다.

① express 표현하다
② repress 참다
③ pamper 애지중지하다
④ constrain 억제하다

어휘 prudent 현명한, 분별 있는 frustration 좌절, 실망 now and again 때때로 anxiety 불안감, 염려

어휘 PLUS express(표현하다)와 유사한 의미의 표현
= let out, voice

154 carry out ~을 이행하다 정답 ③

해석 그 시장은 환경적 위험도 평가가 어떤 새로운 건설 사업의 승인보다도 반드시 먼저 이행되도록 하겠다고 오늘 발표했다. 그는 제조 회사들에게 평가를 실시하는 것이 오염도를 낮게 유지하는 데 결정적이라고 강조했다.

① passed over 제외된
② turned down 거절된
③ carried out 이행된
④ settled down 정착된

어휘 see to it that 반드시 ~하도록 하다 assessment 평가 stress 강조하다 evaluation 평가 crucial 결정적인, 중요한

표현 PLUS carry out(~을 이행하다)과 유사한 의미의 표현
= pull off, carry through, follow through, put into effect, take care of

155 weary 지친 정답 ②

해석 그는 반복적인 작업 환경 속에서 매우 힘든 노동을 하는 데 수없이 많은 시간을 쓴 후 지쳐갔다.

① excluded 배제된
② weary 지친
③ confident 자신감 있는
④ curious 궁금한

어휘 backbreaking 매우 힘든 repetitive 반복적인

어휘 PLUS weary(지친)의 유의어
= fatigued, exhausted, worn-out, drained, tired

156 밑줄 친 부분에 들어갈 말로 가장 적절한 것을 고르시오.

Madelyn Gates
Hi. I just wanted to let you know that we have a new policy for expense reports.
14:12

Garret Bailey
Hello. I read about it earlier, but I'm a bit confused about travel reimbursements now.
14:12

Madelyn Gates
What exactly are you having a problem understanding?
14:13

Garret Bailey
It seems like we need a physical receipt to get repaid for our purchases now. Is that correct?
14:14

Madelyn Gates
Yes. You'll need to bring the official receipt to receive the payment.
14:15

Garret Bailey
OK. What do we do about online purchases, like airline tickets?
14:15

Madelyn Gates
_____
14:16

① You will receive your tickets soon.
② I've already processed your purchase.
③ Just print out the receipt from the website.
④ You should look for the cheapest flight option.

156. Just print out the receipt from the website. 웹사이트에서 영수증을 출력하시면 됩니다.

정답 ③

해설 빈칸 앞에서 Garret Bailey가 What do we do about online purchases, like airline tickets(항공권 같은 온라인 구매는 어떻게 하나요)라고 묻고 있으므로, 빈칸에는 '③ 웹사이트에서 영수증을 출력하시면 됩니다(Just print out the receipt from the website)'가 들어가야 자연스럽다.

해석

> Madelyn Gates: 안녕하세요. 지출 보고서에 대한 새로운 정책이 생겼다는 것을 알려드리려고 합니다. (14:12)
> Garret Bailey: 안녕하세요. 아까 그것에 대해 읽었는데, 출장 경비 환급에 대해 조금 헷갈려요. (14:12)
> Madelyn Gates: 정확히 어떤 부분이 이해하는 데 어려움이 있으신가요? (14:13)
> Garret Bailey: 이제 구입한 것에 대해 환급받으려면 실물 영수증이 필요한 것 같아요. 맞나요? (14:14)
> Madelyn Gates: 네. 대금을 받으려면 공식 영수증을 제출하셔야 해요. (14:15)
> Garret Bailey: 알겠습니다. 항공권 같은 온라인 구매는 어떻게 하나요? (14:15)
> Madelyn Gates: 웹사이트에서 영수증을 출력하시면 됩니다. (14:16)

① 곧 탑승권을 받으실 수 있을 겁니다.
② 이미 구매를 처리했습니다.
③ 웹사이트에서 영수증을 출력하시면 됩니다.
④ 가장 저렴한 항공편 선택지를 찾으셔야 합니다.

어휘 policy 정책 expense 지출, 경비 report 보고서 be confused about ~에 대해 헷갈리다, ~에 혼란스럽다
reimbursement 환급, 변제 process 처리하다

표현 PLUS 설명을 요청할 때 쓸 수 있는 표현
· Could you clarify that for me? 그 부분을 좀 더 명확히 설명해 주실 수 있나요?
· Can you give me more details about ~? ~에 대해 좀 더 자세히 설명해 주시겠어요?
· Could you explain it again? 다시 한번 설명해 주실 수 있나요?

DAY | 16

157 밑줄 친 부분에 들어갈 말로 가장 적절한 것을 고르시오.

> Financial advisors recommend that investors _____ their portfolios across multiple sectors, since focusing too heavily on a single industry can increase vulnerability to unpredictable market fluctuations.

① concentrate
② diversify
③ liquidate
④ speculate

158 밑줄 친 부분에 들어갈 말로 가장 적절한 것을 고르시오.

> Knowing he might miss his daughter's birthday party, Peter became _____ when he learned that his flight had been delayed by an hour.

① esteemed
② distressed
③ ensured
④ dependent

157 diversify 다양화하다

정답 ②

해석 재정 고문들은 투자자들이 그들의 포트폴리오를 여러 부문에 걸쳐 <u>다양화할</u> 것을 권하는데, 이는 단일 산업에 너무 심하게 초점을 맞추는 것이 예측 불가능한 시장 변동에 대한 취약성을 증가시킬 수 있기 때문이다.

① concentrate 집중하다　　② diversify 다양화하다
③ liquidate 청산하다　　　④ speculate 투기하다

어휘 advisor 고문　recommend 권하다　investor 투자자　portfolio 포트폴리오(투자 자산 구성)　sector 부문, 분야　single 단일의　vulnerability 취약성　unpredictable 예측 불가능한　fluctuation 변동

어휘 PLUS diversify(다양화하다)의 유의어
= vary, broaden, differentiate

158 distressed 괴로워하는

정답 ②

해석 딸의 생일 파티를 놓칠 수도 있다는 것을 알았기 때문에, Peter는 그의 비행기가 한 시간 지연되었다는 것을 알게 되었을 때 <u>괴로워졌다</u>.

① esteemed 존중받는　　② distressed 괴로워하는
③ ensured 보장된　　　　④ dependent 의존적인

어휘 PLUS distressed(괴로워하는)의 유의어
= afflicted, distraught, troubled, anxious, upset

DAY | 16

적중 예상 문제

159 다음 빈칸에 들어갈 말로 가장 적절한 것은?

> Not having enough money to buy plane tickets, Mary opted to watch travel shows and read travel books as a kind of _____ for actual travel.

① impulse
② complication
③ surrogate
④ apparatus

160 밑줄 친 부분에 들어갈 말로 가장 적절한 것을 고르시오.

> Hiking through the _____ terrain without experienced guides and proper equipment may result in a rescue operation being needed this summer season.

① perilous
② vigorous
③ fabulous
④ glorious

159 surrogate 대용물

정답 ③

해석 비행기 표를 사기에 충분한 돈을 가지고 있지 않았기 때문에, Mary는 실제 여행에 대한 <u>대용물</u>의 일종으로 여행 프로그램을 보는 것과 여행 책을 읽는 것을 선택했다.

① impulse 충동 ② complication 문제
③ surrogate 대용물 ④ apparatus 장비

어휘 opt 선택하다

어휘 PLUS surrogate(대용물)의 유의어
= proxy, stand-in, substitute, alternative, replacement

160 perilous 위험한

정답 ①

해석 경험이 풍부한 가이드나 적절한 장비 없이 <u>위험한</u> 지형을 통해 하이킹을 하는 것은 이번 여름 시즌에 구조 작전이 필요하게 되는 결과를 초래할 수도 있다.

① perilous 위험한 ② vigorous 활기찬
③ fabulous 멋진 ④ glorious 영광스러운

어휘 terrain 지형 proper 적절한 equipment 장비 rescue 구조 operation 작전

어휘 PLUS perilous(위험한)의 유의어
= dangerous, unsafe, hazardous

161 밑줄 친 부분에 들어갈 말로 가장 적절한 것을 고르시오.

> She relied on her natural sense of _____ to choose the correct path through the dense forest after the GPS unexpectedly stopped working.

① inspiration ② reflection
③ direction   ④ perception

162 다음 글의 빈칸에 공통으로 들어갈 말로 가장 적절한 것은?

> Imagination is crucial to a child's mental development and a valuable part of cultivating his or her spirit. After all, creativity not only _____ the mind but also _____ the soul.

① torments ② enriches
③ pursues   ④ enervates

161 direction 방향 정답 ③

해석 그녀는 GPS가 예상치 못하게 작동을 멈춘 후 울창한 숲을 통과하는 올바른 길을 선택하기 위해 그녀의 타고난 방향 감각에 의존했다.

① inspiration 영감
② reflection 반성
③ direction 방향
④ perception 인식

어휘 rely on ~에 의존하다   natural 타고난   choose 선택하다   path 길   dense 울창한

어휘 PLUS direction(방향)의 유의어
= orientation, bearing, navigation

162 enrich 풍부하게 하다 정답 ②

해석 상상력은 아이의 심리적 발달에 매우 중요하며 아이의 정신을 함양하는 데 귀중한 부분이다. 무엇보다, 창의성은 아이의 생각을 풍부하게 할 뿐만 아니라 영혼도 풍부하게 한다.

① torments 고통을 주다
② enriches 풍부하게 하다
③ pursues 추구하다
④ enervates 기력을 떨어뜨리다

어휘 mental 심리적인   cultivate 함양하다, 기르다

어휘 PLUS enrich(풍부하게 하다)의 유의어
= augment, cultivate, develop, enhance

DAY | 17

163 밑줄 친 부분에 들어갈 말로 가장 적절한 것을 고르시오.

> The art collector took the rare painting to a dealer and asked him to _____ the piece.

① appraise
② detract
③ enlighten
④ control

164 다음 밑줄 친 부분과 의미가 가장 가까운 것을 고르시오.

> The severe tropical storm has brought heavy rain and wind to the area for the past few days, but meteorologists expect the storm to <u>abate</u> by tomorrow night.

① taper off
② turn aside
③ rush out
④ beef up

165 밑줄 친 부분의 의미와 가장 가까운 것은?

> Thousands visit the locale each month not so much for its <u>intrinsic</u> beauty as for its long and extraordinary history.

① inherent
② prodigious
③ sanitary
④ preferential

163 appraise 감정하다

정답 ①

해석 미술품 수집가는 그 희귀한 그림을 중개인에게 가져가서 그에게 그 작품을 감정해 줄 것을 요청했다.
① appraise 감정하다
② detract (가치를) 손상시키다
③ enlighten 깨우치게 하다
④ control 지배하다

어휘 dealer 중개인, 딜러   piece 작품, 그림

어휘 PLUS appraise(감정하다)의 유의어
= valuate, evaluate, value, assess, estimate

164 abate 약해지다 (= taper off)

정답 ①

해석 심한 열대 폭풍우가 지난 며칠 동안 강한 비와 바람을 그 지역에 가져왔지만, 기상학자들은 폭풍우가 내일 밤쯤 약해질 것으로 예상한다.
① taper off 차차 약해지다
② turn aside 벗어나다
③ rush out 뛰어나가다
④ beef up 강화하다

어휘 tropical 열대성의   storm 폭풍우   meteorologist 기상학자

어휘 PLUS abate(약해지다)의 유의어
= lessen, diminish, dwindle, decline

165 intrinsic 고유한 (= inherent)

정답 ①

해석 수천 명이 그것의 고유한 아름다움 때문이라기보다는 그것의 오래되고 비범한 역사 때문에 매달 그 현장을 방문한다.
① inherent 고유한
② prodigious 엄청난
③ sanitary 깨끗한
④ preferential 우선적인

어휘 locale 현장   not so much A as B A라기보다는 B인   extraordinary 비범한, 놀라운

어휘 PLUS intrinsic(고유한)의 유의어
= innate, essential

166 밑줄 친 부분에 들어갈 말로 가장 적절한 것을 고르시오.

Rebecca: Hi, Kevin. Have you made plans for the upcoming holiday yet? 12:41

Kevin: Hi. Yes. I'm going away with my family for the break. 12:42

Rebecca: _____ 12:42

Kevin: We've rented a cabin in the mountains so we can go skiing. 12:43

Rebecca: That sounds like a lot of fun. I love skiing. 12:44

Kevin: We go there every Christmas. I look forward to it all year. What are you going to do? 12:44

Rebecca: I'm going to Thailand with my friends. 12:45

Kevin: That sounds amazing. I hope you have a great time. 12:45

① When will you be leaving?
② Where are you planning to go?
③ How long will you be gone?
④ What should we do?

166 Where are you planning to go? 어디로 가실 계획인가요?

정답 ②

해설 빈칸 앞에서 Kevin이 I'm going away with my family for the break(저는 휴가에 가족들과 함께 떠나요)라고 말하고 있고, 빈칸 뒤에서 Kevin이 다시 We've rented a cabin in the mountains so we can go skiing(스키를 타러 가려고 산속에 오두막집을 빌렸어요)이라고 말하고 있으므로, 빈칸에는 '② 어디로 가실 계획인가요?(Where are you planning to go?)'가 들어가야 자연스럽다.

해석
> Rebecca: 안녕하세요, Kevin. 다가오는 휴가 계획을 이미 세우셨나요? (12:41)
> Kevin: 안녕하세요. 네. 저는 휴가에 가족들과 함께 떠나요. (12:42)
> Rebecca: 어디로 가실 계획인가요? (12:42)
> Kevin: 스키를 타러 가려고 산속에 오두막집을 빌렸어요. (12:43)
> Rebecca: 정말 재미있을 것 같네요. 저는 스키 타는 것을 좋아해요. (12:44)
> Kevin: 저희는 매년 크리스마스에 그곳에 가요. 저는 그걸 일 년 내내 기대해요. 당신은 무엇을 하시나요? (12:44)
> Rebecca: 저는 제 친구들과 함께 태국에 갈 거예요. (12:45)
> Kevin: 정말 재밌겠어요. 즐거운 시간 보내시기 바라요. (12:45)

① 언제 떠나시나요?
② 어디로 가실 계획인가요?
③ 얼마나 오래 떠나 계시나요?
④ 어떻게 해야 할까요?

어휘 upcoming 다가오는, 곧 있을 cabin 오두막집 look forward to ~을 기대하다

표현 PLUS 휴가 계획을 이야기할 때 쓸 수 있는 표현
- I'm planning to take a vacation next month. 다음 달에 휴가를 갈 계획이에요.
- I'm going to take a few days off to visit family. 가족을 방문하기 위해 며칠 휴가를 낼 거예요.
- I'm taking a break and heading to ~. 저는 휴식을 갖고 ~에 갈 거예요.

DAY | 17

167 대화의 흐름으로 보아 빈칸에 들어갈 말로 가장 적절한 것은?

> A: Are you going to be able to come to Abby's soccer game tomorrow?
> B: I'll drive over right after I leave the office.
> A: OK. Just give me a call when you're on your way.
> B: You bet.
> A: Oh, and did you remember to put the trash out on the street this morning?
> B: _____.

① Of course. It just slipped my mind
② I'm sure. You always take care of it first thing
③ Yes. I'll make sure to remind myself tomorrow
④ I did. You know how reliable I always am

168 밑줄 친 부분에 들어갈 말로 가장 적절한 것을 고르시오.

> Timing is _____ in photography, especially when capturing fleeting moments of light or human expression that can never be perfectly recreated once missed.

① casual   ② peripheral
③ unnecessary   ④ crucial

167 I did. You know how reliable I always am. 응 했어. 내가 항상 얼마나 믿을 만한지 당신도 알잖아. 정답 ④

해설 빈칸 앞에서 A가 B에게 아침에 쓰레기를 잊지 않고 내놓았는지 묻고 있으므로, 빈칸에는 '④ 응 했어. 내가 항상 얼마나 믿을 만한지 당신도 알잖아(I did. You know how reliable I always am)'가 들어가야 자연스럽다.

해석
> A: 당신 Abby의 축구 경기에 내일 올 수 있어?
> B: 나는 퇴근하고 나서 바로 운전해서 갈 거야.
> A: 좋아. 당신이 출발할 때 내게 전화 좀 줘.
> B: 물론이지.
> A: 아, 그리고 당신 오늘 아침에 쓰레기를 길에 내놓는 건 잊지 않았지?
> B: 응 했어. 내가 항상 얼마나 믿을 만한지 당신도 알잖아.

① 물론이지. 깜빡 잊어버렸어
② 확실해. 당신은 항상 이것을 제일 먼저 신경 써
③ 응. 내일 반드시 스스로 상기시키도록 할게
④ 응 했어. 내가 항상 얼마나 믿을 만한지 당신도 알잖아

어휘 You bet 물론이지 put out ~을 내놓다 slip one's mind 깜빡 잊어버리다 remind 상기시키다 reliable 믿을 만한, 의지가 되는

표현 PLUS 상대방에게 신뢰감을 줄 때 쓸 수 있는 표현
· You can always count on me. 너는 항상 나를 믿어도 돼.
· I have a memory like an elephant. 나는 기억력이 아주 좋아.
· How could I forget? 내가 어떻게 잊을 수 있겠어?
· I'm someone you can depend on. 나는 네가 믿을 수 있는 사람이야.

168 crucial 중요한 정답 ④

해설 타이밍은 사진술에서 <u>중요한</u>데, 특히 한번 놓치면 결코 완벽하게 재현될 수 없는 빛이나 인간 표정의 잠깐 동안의 순간들을 포착할 때 그렇다.

① casual 우연한
② peripheral 주변적인
③ unnecessary 불필요한
④ crucial 중요한

어휘 timing 타이밍 photography 사진술 capture 포착하다 fleeting 잠깐 동안의, 덧없는 recreate 재현하다 miss 놓치다

어휘 PLUS crucial(중요한)의 유의어
= essential, important, paramount, key

DAY 17

적중 예상 문제

169 밑줄 친 부분에 들어갈 말로 가장 적절한 것을 고르시오.

> The southeastern coast of the United States has been experiencing highly _____ and unpredictable rainfall during the recent hurricane season, with precipitation unevenly distributed across the region.

① chronic
② consistent
③ sporadic
④ abundant

170 밑줄 친 부분에 들어갈 말로 가장 적절한 것을 고르시오.

> While he wouldn't have ordinarily considered working for the company, the compensation package _____ him.

① measured
② offered
③ obliged
④ enticed

169 sporadic 산발적인

정답 ③

해석 미국의 남동쪽 해안은 최근 허리케인 시즌 동안 매우 산발적이고 예측할 수 없는 강우를 경험해 왔으며, 강수량도 그 지역 전체에 걸쳐 고르지 않게 분포되어 있다.

① chronic 만성적인
② consistent 일관된
③ sporadic 산발적인
④ abundant 풍부한

어휘 southeastern 남동쪽의   coast 해안   unpredictable 예측할 수 없는   rainfall 강우   precipitation 강수(량)
unevenly 고르지 않게, 불균등하게   distributed 분포된

어휘 PLUS sporadic(산발적인)의 유의어
= irregular, intermittent, random, erratic

170 entice 유혹하다

정답 ④

해석 그는 보통 때 같으면 그 회사에서 일하는 것을 고려하지 않았겠지만, 보수가 그를 유혹했다.

① measured 평가했다
② offered 제안했다
③ obliged 강요했다
④ enticed 유혹했다

어휘 ordinarily 보통 때 같으면, 대개   compensation package (급여와 복리후생을 포함한) 보수

어휘 PLUS entice(유혹하다)의 유의어
= tempt, lure, beguile, attract

DAY | 18

171 밑줄 친 곳에 공통으로 들어갈 단어로 가장 적절한 것은?

- Often, investors are reluctant to take a _____ on unproven business models.
- She asked me if by any _____ I knew Heather.
- We prepared for everything and left nothing to _____.

① turn ② pass
③ step ④ chance

172 밑줄 친 부분에 들어갈 말로 가장 적절한 것을 고르시오.

The climbing club's members always have a plan for _____ from the mountain if they run into a problem.

① evacuation ② exhaustion
③ emigration ④ expedition

171 take a chance on ~을 운에 맡기고 해보다 | by any chance 혹시라도 | leave nothing to chance 무슨 일이든 운에 맡기지 않다

정답 ④

해석
- 종종, 투자자들은 증명되지 않은 사업 모델을 운에 맡기고 해보는 것을 주저한다.
- 그녀는 혹시라도 Heather를 아는지 내게 물었다.
- 우리는 모든 것을 대비했고 무슨 일이든 운에 맡기지 않았다.

어휘 reluctant 주저하는   unproven 증명되지 않은

표현 PLUS
take a chance on(~을 운에 맡기고 해보다)과 유사한 의미의 표현
= gamble on, take a risk with, hazard a chance with

by any chance(혹시라도)와 유사한 의미의 표현
= by any possibility, if possible

leave nothing to chance(무슨 일이든 운에 맡기지 않다)와 유사한 의미의 표현
= cover every detail, prepare thoroughly, prepare for each contingency

172 evacuation 철수

정답 ①

해석 그 등산 동호회의 회원들은 그들이 문제를 마주하게 되는 경우 산에서 철수하기 위한 계획을 항상 가지고 있다.

① evacuation 철수
② exhaustion 탈진
③ emigration 이민
④ expedition 탐험

어휘 run into ~을 마주하다, ~에 직면하다

어휘 PLUS
evacuation(철수)의 유의어
= withdrawal, retreat

●●● 난이도 상   ●●○ 난이도 중   ●○○ 난이도 하

DAY | 18

173 밑줄 친 부분에 들어갈 말로 가장 적절한 것을 고르시오.

Michelle Parker
Sam, I noticed that you signed in late this morning. What happened?
9:22

 Sam Anderson
I'm sorry. I took the subway and there was a problem. It ended up being 40 minutes late.
9:22

Michelle Parker
Oh, I see. Maybe you should have taken another subway line.
9:23

 Sam Anderson
Actually, that wouldn't really have helped. The delay apparently affected the entire subway system.
9:24

Michelle Parker
Hmm… OK. If this happens again, please let me know.
9:25

 Sam Anderson
Should I call you directly?
9:25

Michelle Parker
_____
9:25

① Maybe you should have taken a taxi.
② I don't think I'll be here in the morning.
③ Ask your coworkers if they have any advice for you.
④ Posting an explanation on the bulletin board would be fine.

173 Posting an explanation on the bulletin board would be fine.

정답 ④

게시판에 사유를 올리는 것이면 충분할 것 같아요.

해설 빈칸 앞에서 Michelle Parker가 If this happens again, please let me know(이런 일이 또 발생하면 알려주세요)라고 말한 다음, Sam Anderson이 Should I call you directly(직접 전화 드려야 할까요)라고 묻고 있으므로, 빈칸에는 '④ 게시판에 사유를 올리는 것이면 충분할 것 같아요(Posting an explanation on the bulletin board would be fine)'가 들어가야 자연스럽다.

해석
> Michelle Parker: Sam, 오늘 아침에 늦게 출석 기록을 하신 것을 확인했어요. 무슨 일이 있었나요? (9:22)
> Sam Anderson: 죄송합니다. 지하철을 탔는데 문제가 있었어요. 결국 40분이나 늦게 됐어요. (9:22)
> Michelle Parker: 아, 그렇군요. 다른 지하철 노선을 탔어야 했겠네요. (9:23)
> Sam Anderson: 사실, 그건 별로 도움이 되지 않았을 거예요. 듣자 하니 그 지연이 지하철 시스템 전체에 영향을 준 것 같아요. (9:24)
> Michelle Parker: 흠... 알았어요. 이런 일이 또 발생하면 알려주세요. (9:25)
> Sam Anderson: 직접 전화 드려야 할까요? (9:25)
> Michelle Parker: 게시판에 사유를 올리는 것이면 충분할 것 같아요. (9:25)

① 택시를 타야 했겠네요.
② 제가 아침에는 여기에 없을 것 같습니다.
③ 직장 동료들에게 조언해 줄 게 있는지 물어보세요.
④ 게시판에 사유를 올리는 것이면 충분할 것 같아요.

어휘 sign in (회사 등의 기록부에) 출석 기록을 하다, 서명하고 들어가다 end up -ing 결국 -하게 되다 apparently 듣자[보아] 하니
coworker (직장) 동료 post 올리다, 게시하다 bulletin board 게시판

표현 PLUS 사과할 때 쓸 수 있는 표현
· I apologize for ~. ~에 대해 사과드립니다.
· Please accept my apologies for ~. ~에 대한 제 사과를 받아 주세요.
· I take full responsibility for ~. ~에 대해 전적인 책임을 지겠습니다.
· Please forgive me for ~. ~에 대해 용서해 주세요.

174 대화의 빈칸에 들어갈 말로 가장 적절한 것은?

> A: Are you busy right now?
> B: Hey, is there something I can help you with?
> A: Do you have the key to get into the supply closet?
> B: I lent it out to Sarah, but she hasn't returned it yet.
> A: _____

① I work on the same team as Sarah.
② Oh, I left the keys on your desk earlier.
③ It's that she never comes to work on time.
④ Then I hope you won't mind if I ask her for the key.

175 밑줄 친 부분과 의미가 가장 가까운 것을 고르시오.

> After a series of complaints, the CEO <u>vowed</u> to improve the client relations department by hiring experienced representatives and modernizing the customer communication system.

① applied
② consented
③ pledged
④ bothered

174 Then I hope you won't mind if I ask her for the key.

정답 ④

그렇다면 제가 그녀에게서 열쇠를 찾아와도 될까요.

해설 비품 창고 열쇠가 있는지 묻는 A의 질문에 대해 B가 I lent it out to Sarah, but she hasn't returned it yet(제가 Sarah에게 빌려줬는데, 그녀가 아직 그걸 돌려주지 않았어요)이라고 말하고 있으므로, 빈칸에는 '④ 그렇다면 제가 그녀에게서 열쇠를 찾아와도 될까요(Then I hope you won't mind if I ask her for the key)'가 들어가야 자연스럽다.

해석
> A: 지금 바쁘신가요?
> B: 안녕하세요, 제가 도와드릴 일이 있나요?
> A: 비품 창고에 들어갈 수 있는 열쇠를 당신이 가지고 있나요?
> B: 제가 Sarah에게 빌려줬는데, 그녀가 아직 그걸 돌려주지 않았어요.
> A: <u>그렇다면 제가 그녀에게서 열쇠를 찾아와도 될까요.</u>

① 저는 Sarah와 같은 팀에서 일하고 있어요.
② 오, 제가 아까 당신의 책상 위에 열쇠를 두고 왔어요.
③ 그녀는 절대 제시간에 출근하지 않는다는 거죠.
④ 그렇다면 제가 그녀에게서 열쇠를 찾아와도 될까요.

어휘 supply closet 비품 창고 lend 빌려주다 ask for ~을 찾아오다

표현 PLUS 문제가 되지 않음을 나타낼 때 쓸 수 있는 표현
· I hope that's not a problem. 문제가 되지 않길 바라요.
· Then it shouldn't be a problem. 그럼 그건 어렵지 않겠네요.

175 vow 맹세하다 (= pledge)

정답 ③

해석 일련의 불만이 있은 후에, 그 최고 경영자는 숙련된 판매 대리인을 채용하고 고객과의 의사소통 체계를 현대화함으로써 고객 상담실을 개선하겠다고 <u>맹세했다</u>.

① applied 신청했다
② consented 동의했다
③ pledged 맹세했다
④ bothered 귀찮게 했다

어휘 complaint 불만 client relations department 고객 상담실 experienced 숙련된 representatives 판매 대리인

어휘 PLUS vow(맹세하다)의 유의어
= swear, promise, affirm, assure

176 밑줄 친 부분에 들어갈 말로 가장 적절한 것을 고르시오.

> During the check-in process, the airline will manually _____ the remaining seats to passengers without prior reservations, based on seat availability and any special requests.

① entitle
② submit
③ withhold
④ assign

177 밑줄 친 부분에 들어갈 말로 가장 적절한 것을 고르시오.

> After waiting for my sister at the coffee shop for well over an hour, I was _____ when she finally breezed in and plopped herself down in the seat across from me, chattering on about her day as though she didn't have a care in the world.

① acclaimed
② dedicated
③ bewildered
④ refreshed

178 밑줄 친 부분과 의미가 가장 가까운 것은?

> They attached the trailer to the hitch of the truck so that they would be able to tow it behind them as they drove across the country.

① haul
② accelerate
③ apprehend
④ insulate

176 assign 배정하다

정답 ④

해석 체크인 과정 동안, 항공사는 좌석 이용 가능성과 어떤 특별한 요청들에 기반하여 사전 예약 없는 승객들에게 남은 좌석들을 수동으로 배정할 것이다.

① entitle 자격을 주다
② submit 제출하다
③ withhold 보류하다
④ assign 배정하다

어휘 manually 수동으로   remaining 남은   prior 사전의   reservation 예약   availability 이용 가능성   request 요청

어휘 PLUS assign(배정하다)의 유의어
= allocate, designate, appoint

177 bewildered 당황한

정답 ③

해석 카페에서 한 시간이 훨씬 넘게 내 여동생을 기다린 후, 그녀가 마침내 태연하게 들어와서는 내 맞은편 자리에 털썩 앉아, 아무 걱정거리도 없는 것처럼 그녀의 하루에 대해 떠들어 댔을 때 나는 당황했다.

① acclaimed 찬사를 받은
② dedicated 전념한
③ bewildered 당황한
④ refreshed 상쾌한

어휘 breeze in 태연하게 들어오다, 불쑥 나타나다   plop down 털썩 앉다   chatter 떠들어 대다, 재잘거리다
not have a care in the world 아무 걱정거리도 없는

어휘 PLUS bewildered(당황한)의 유의어
= nonplussed, puzzled, perplexed, confused

178 tow 끌어당기다 (= haul)

정답 ①

해석 그들은 트레일러를 트럭의 연결부에 붙여서 그들이 전국 각지로 운전할 때 뒤에서 그것(트레일러)을 끌어당길 수 있도록 했다.

① haul 끌어당기다
② accelerate 가속하다
③ apprehend 붙잡다
④ insulate 절연시키다

어휘 hitch 연결부

어휘 PLUS tow(끌어당기다)의 유의어
= drag, lug, pull, draw

DAY | 18

적중 예상 문제

179 밑줄 친 부분에 들어갈 말로 가장 적절한 것을 고르시오.

> On the painting's lower edge, the artist left a(n) _____ symbol whose meaning remains disputed among critics, a detail that continues to divide interpretations even decades after the work's debut.

① general
② ambiguous
③ explicit
④ vulnerable

180 다음 문장의 빈칸에 들어갈 말로 가장 적절한 것은?

> The biologist was in the field from 9 p.m. to 4 a.m. every night because she was studying the _____ habits of large predators.

① stunted
② permeable
③ ubiquitous
④ nocturnal

179 ambiguous 모호한
정답 ②

해석 그림의 아래쪽 가장자리에, 그 작가는 비평가들 사이에서 여전히 논쟁되는 모호한 상징을 남겨두었는데, 이는 작품의 첫 등장 이후 수십 년이 지난 후에도 계속해서 해석들을 나누는 세부 양식이다.

① general 일반적인　　② ambiguous 모호한
③ explicit 명백한　　　④ vulnerable 취약한

어휘 painting 그림　lower 아래쪽의　edge 가장자리　leave 남겨두다　symbol 상징　critic 비평가　detail 세부 양식　divide 나누다　interpretation 해석

어휘 PLUS ambiguous(모호한)의 유의어
= unclear, enigmatic, mysterious

180 nocturnal 야행성의
정답 ④

해석 그 생물학자는 오후 9시부터 오전 4시까지 매일 밤 들판에 있었는데 왜냐하면 그녀가 대형 포식 동물들의 야행성 습성을 연구하고 있었기 때문이다.

① stunted 발육이 멎은　　② permeable 침투할 수 있는
③ ubiquitous 아주 흔한　　④ nocturnal 야행성의

어휘 biologist 생물학자　predator 포식 동물

어휘 PLUS nocturnal(야행성의)의 유의어
= nighttime, nightly

DAY | 19

181 밑줄 친 부분에 들어갈 말로 가장 적절한 것을 고르시오.

> When only his dog tags and personal belongings returned home from the war, his mother sat at the kitchen table for a long time, holding them tightly as her _____ made it hard to breathe.

① fear
② relief
③ pity
④ grief

182 다음 빈칸에 들어갈 말로 가장 적절한 것은?

> Hundreds showed up for the casting call, but most were _____ after the first audition so that only 50 remained.

① held off
② carried over
③ ruled out
④ lined up

181 grief 슬픔

정답 ④

해석 전쟁에서 그의 인식표와 개인 소지품만 집으로 돌아왔을 때 그의 어머니는 부엌 식탁에 오랫동안 앉아 그녀의 슬픔으로 숨쉬기조차 힘들어하며 그것들을 꽉 쥐고 있었다.

① fear 두려움
② relief 안도감
③ pity 동정
④ grief 슬픔

어휘 dog tags 인식표(군인이 목에 거는 명찰)   personal 개인의   belonging 소지품   breathe 숨쉬다

어휘 PLUS grief(슬픔)의 유의어
= sorrow, anguish, heartache, despair

182 rule out ~을 배제하다

정답 ③

해석 배역 선정에 수백 명이 왔지만, 대부분이 첫 번째 오디션 후에 배제되어서 50명만이 살아남았다.

① held off 연기된
② carried over 미뤄진
③ ruled out 배제된
④ lined up 일렬로 세워진

어휘 show up 오다, 나타나다   casting call 배역 선정   remain 살아남다, 남아있다

표현 PLUS rule out(~을 배제하다)과 유사한 의미의 표현
= pass over, leave out, get rid of

183 밑줄 친 부분에 들어갈 말로 가장 적절한 것을 고르시오.

Olivia (2:30 p.m.): Hello. Are you free to come with me to the library? I want to see if they have a book in stock.

William (2:31 p.m.): Actually, you can check that yourself using the library's smartphone app.

Olivia (2:31 p.m.): Will it allow me to search the library's database?

William (2:35 p.m.): Yes. You can search for a book, find out if it's checked out, and reserve it for pickup.

Olivia (2:36 p.m.): Oh, that sounds like a great service.

William (2:40 p.m.): It's very useful. Do you have the app already?

Olivia (2:40 p.m.): _____

William (2:41 p.m.): Give me a second and I'll send you a download link.

① Yes. I've been using it for a while.
② Yes. I'm interested in those services.
③ No. I'm going to try to find it online.
④ No. I don't have a smartphone now.

183. No. I'm going to try to find it online. 아니요. 온라인에서 찾아보려고 해요.

정답 ③

해설
빈칸 앞에서 William이 Do you have the app already(이미 앱이 있나요)라고 물은 후, 빈칸 뒤에서 William이 다시 Give me a second and I'll send you a download link(잠시만 기다려 주시면 제가 다운로드 링크를 보내드릴게요)라고 말하고 있으므로, 빈칸에는 '③ 아니요. 온라인에서 찾아보려고 해요(No. I'm going to try to find it online)'가 들어가야 자연스럽다.

해석

> Olivia: 안녕하세요. 도서관에 저와 함께 가 주실 수 있나요? 책의 재고가 있는지 확인하고 싶어서요. (오후 2:30)
> William: 사실, 도서관의 스마트폰 앱을 사용하면 직접 확인할 수 있어요. (오후 2:31)
> Olivia: 그게 제가 도서관의 데이터베이스를 검색할 수 있게 해 주나요? (오후 2:31)
> William: 네. 책을 검색해서 대출 여부를 확인하고, 수령 예약을 할 수 있어요. (오후 2:35)
> Olivia: 오, 훌륭한 서비스인 것 같네요. (오후 2:36)
> William: 굉장히 유용해요. 이미 앱이 있나요? (오후 2:40)
> Olivia: 아니요. 온라인에서 찾아보려고 해요. (오후 2:40)
> William: 잠시만 기다려 주시면 제가 다운로드 링크를 보내드릴게요. (오후 2:41)

① 네. 한동안 사용해 오고 있어요.
② 네. 그 서비스에 관심이 있어요.
③ 아니요. 온라인에서 찾아보려고 해요.
④ 아니요. 지금은 스마트폰이 없어요.

어휘 stock 재고 check out (도서관 등에서) 대출하다 reserve 예약하다

표현 PLUS 도서관에서 쓸 수 있는 표현
- I need to return some books. 책을 반납해야 합니다.
- Can I check out this book? 이 책을 대출할 수 있나요?
- What's the late fee for overdue books? 연체된 책의 연체료는 얼마인가요?
- How do I get a library card? 도서관 카드를 어떻게 만들 수 있나요?

DAY | 19

184 밑줄 친 부분에 들어갈 말로 가장 적절한 것은?

> A: Hello. Star Finance. How may I help you?
> B: This is Gary Peterson. I'm calling because I haven't heard back from Mr. Lowell yet. He said he'd reach me by the end of the day.
> A: Oh, Mr. Peterson, we're glad you got in touch. Mr. Lowell _____.
> B: I see. Well, let me give you my number again.

① cannot take on any more clients right now
② took down the wrong contact information for you
③ forgot about his appointment with you
④ had to leave town on short notice

185 밑줄 친 부분에 들어갈 말로 가장 적절한 것을 고르시오.

> Although organ transplant _____ must take immunosuppressive medications for the rest of their lives, many view this lifelong routine as a meaningful price for the chance to keep living.

① volunteers ② specialists
③ candidates ④ recipients

184 take down the wrong contact information for somebody ~의 연락처를 잘못 적다   정답 ②

해설   Lowell씨로부터 회신을 받지 못했다는 B의 말에 대해 A가 대답한 후, B가 I see. Well, let me give you my number again(그렇군요. 음, 제가 제 번호를 다시 드리죠)이라고 말하고 있으므로, 빈칸에는 '② 당신의 연락처를 잘못 적었습니다(took down the wrong contact information for you)'가 들어가야 자연스럽다.

해석

> A: 여보세요. Star Finance입니다. 무엇을 도와드릴까요?
> B: 저는 Gary Peterson입니다. 저는 Lowell씨부터 아직 다시 연락을 받지 못해서 전화했습니다. 그가 오늘이 지나기 전에 제게 연락하겠다고 말했어요.
> A: 아, Peterson씨, 연락주셔서 감사합니다. Lowell씨가 <u>당신의 연락처를 잘못 적었습니다</u>.
> B: 그렇군요. 음, 제가 제 번호를 다시 드리죠.

① 지금 당장은 더 이상의 고객을 맡을 수 없습니다
② 당신의 연락처를 잘못 적었습니다
③ 당신과의 약속을 잊어버렸습니다
④ 갑자기 도시를 떠나야 했습니다

어휘   hear 연락을 받다, 듣다   reach 연락하다   get in touch 연락하다   take on (일 등을) 맡다, 책임지다   take down ~을 적다, 기록하다   on short notice 갑자기, 충분한 예고 없이

표현 PLUS   실수했을 때 쓸 수 있는 표현
- I apologize. 사과드립니다.
- It won't happen again. 이 일은 다시는 일어나지 않을 거예요.

185 recipient 수혜자   정답 ④

해석   장기 이식 <u>수혜자</u>들은 평생 동안 면역 억제제를 복용해야 하지만, 많은 사람들은 이 평생의 일과를 계속 살아갈 기회에 대한 의미 있는 대가로 여긴다.

① volunteers 자원봉사자   ② specialists 전문가
③ candidates 후보자   ④ recipients 수혜자

어휘   organ 장기   transplant 이식   immunosuppressive 면역 억제제, 거부 반응 억제약   medication 약물   rest 나머지   lifelong 평생의   meaningful 의미 있는   price 대가

어휘 PLUS   recipient(수혜자)의 유의어
= beneficiary, receiver

186 밑줄 친 곳에 공통으로 들어갈 단어로 가장 적절한 것은?

- As a parent, know that there is a fine _____ between being cautious and being overprotective.
- Soldiers can be hurt both mentally and physically in the _____ of duty.

① note
② line
③ gap
④ mark

187 밑줄 친 부분에 들어갈 말로 가장 적절한 것을 고르시오.

Realizing that any attempt to shield their home from being destroyed by the tornado would be _____, they evacuated the city.

① futile
② candid
③ prudent
④ mutable

188 밑줄 친 부분에 들어갈 말로 가장 적절한 것을 고르시오

Being able to read a Nobel Prize-winning writer's novel in its original language is a great _____ that allows the reader to absorb every nuance and rhythm exactly as the author intended.

① effort
② reward
③ privilege
④ responsibility

186 a fine line between ~ 사이에 작은 차이 | in the line of duty 근무 중에

정답 ②

해석
- 부모로서, 신중한 것과 과잉보호하는 것 사이에 작은 차이가 있다는 것을 알아라.
- 군인들은 근무 중에 정신적으로 그리고 육체적으로 모두 다칠 수 있다.

어휘 cautious 신중한, 조심스러운   overprotective 과잉보호하는   physically 육체적으로

표현 PLUS
a fine line between(~ 사이에 작은 차이)과 유사한 의미의 표현
= a thin boundary between, a thin border between, little difference between
in the line of duty(근무 중에)와 유사한 의미의 표현
= on the job, at work

187 futile 소용없는

정답 ①

해석 그들의 집이 토네이도에 의해 파괴되는 것을 막으려는 그 어떤 시도도 소용없을 것임을 깨달아서, 그들은 도시에서 대피했다.
① futile 소용없는   ② candid 솔직한
③ prudent 신중한   ④ mutable 변할 수 있는

어휘 shield 막다   evacuate 대피하다

어휘 PLUS
futile(소용없는)의 유의어
= vain, useless, worthless, fruitless, ineffectual

188 privilege 특권

정답 ③

해석 노벨상을 수상한 작가의 소설을 그 원어로 읽을 수 있다는 것은 독자가 작가가 의도한 그대로 모든 뉘앙스와 운율을 흡수하도록 해 주는 엄청난 특권이다.
① effort 노력   ② reward 보상
③ privilege 특권   ④ responsibility 책임

어휘 absorb 흡수하다   nuance 뉘앙스, 미묘한 차이   rhythm 운율   intend 의도하다

어휘 PLUS
privilege(특권)의 유의어
= honor, treat, pleasure

적중 예상 문제

189 밑줄 친 부분에 들어갈 말로 가장 적절한 것을 고르시오.

> I tried to _____ my tears, but the novel was too depressing. Despite my best efforts, I immediately started sobbing and could not be comforted.

① refute
② suppress
③ expel
④ chase

190 밑줄 친 부분에 들어갈 말로 가장 적절한 것을 고르시오.

> The wealthy business magnate threw a(n) _____ retirement party replete with the finest luxuries.

① malleable
② respectful
③ redundant
④ extravagant

189 suppress 참다

정답 ②

해석 나는 눈물을 <u>참으려고</u> 애썼지만 그 소설은 너무 암울했다. 최선을 다해 노력해 봤으나, 나는 곧 흐느껴 울기 시작했고 진정될 수 없었다.

① refute 반박하다 ② suppress 참다
③ expel 추방하다 ④ chase 쫓아내다

어휘 depressing 암울한, 억압적인   sob 흐느껴 울다   comfort 진정시키다, 위로하다

어휘 PLUS suppress(참다)의 유의어
= restrain, inhibit, quell, repress, contain

190 extravagant 호사스러운

정답 ④

해석 그 부유한 사업계의 거물은 최고급 사치품들로 가득 찬 <u>호사스러운</u> 은퇴 파티를 열었다.

① malleable 영향을 받기 쉬운   ② respectful 경의를 표하는
③ redundant 불필요한   ④ extravagant 호사스러운

어휘 magnate 거물   throw a party 파티를 열다   retirement 은퇴   replete with ~으로 가득 찬

어휘 PLUS extravagant(호사스러운)의 유의어
= lavish, wasteful, excessive, grandiose

191 밑줄 친 부분에 들어갈 말로 가장 적절한 것을 고르시오.

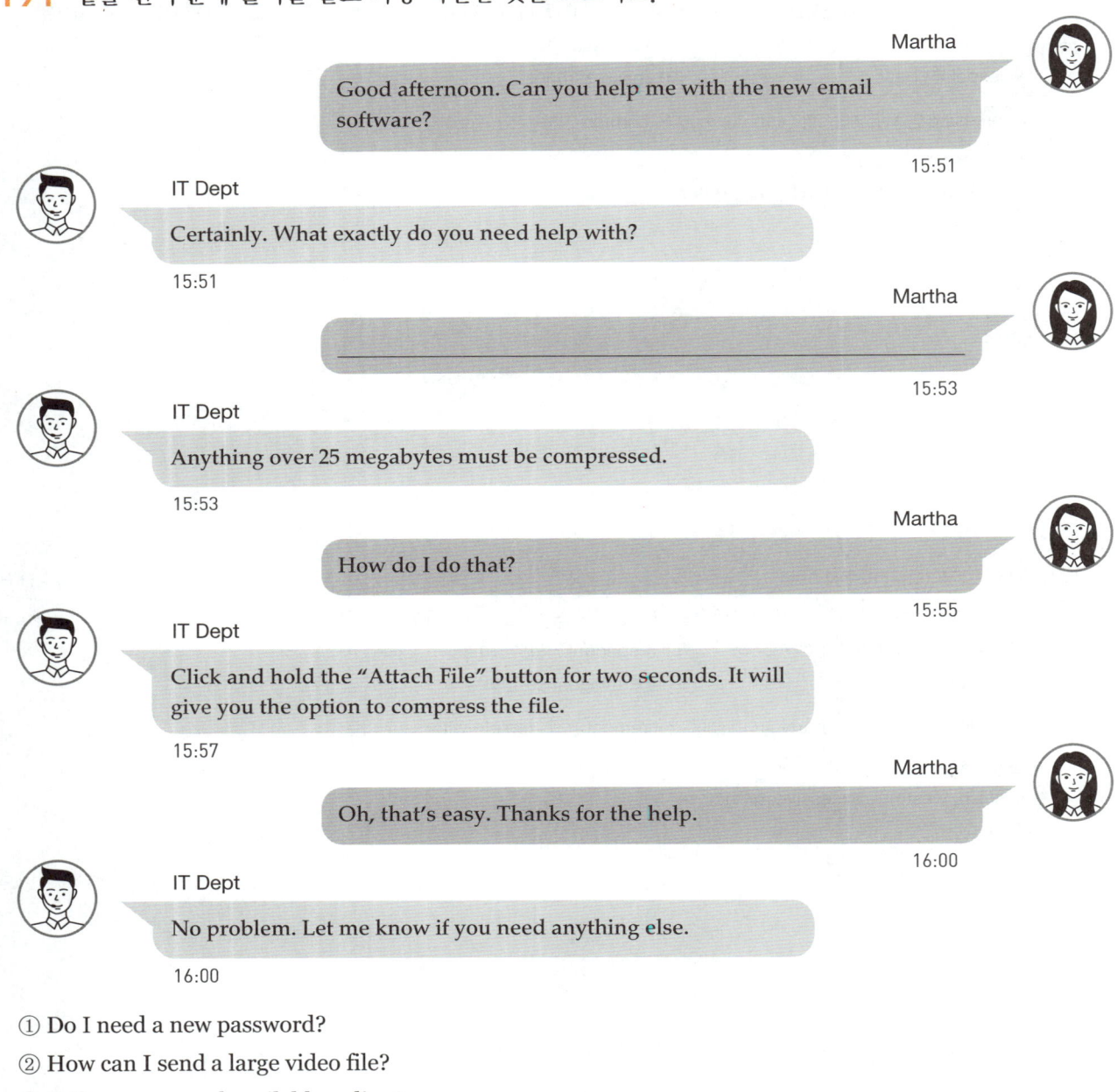

① Do I need a new password?
② How can I send a large video file?
③ Is there a manual available online?
④ What's the limit for the length of a message?

●○○
191 **How can I send a large video file?** 대용량 동영상 파일은 어떻게 보내나요?   정답 ②

해설   빈칸 뒤에서 IT 부서 직원이 Anything over 25 megabytes must be compressed(25메가바이트가 넘는 것은 모두 압축되어야 합니다)라고 말하고 있으므로, 빈칸에는 '② 대용량 동영상 파일은 어떻게 보내나요?(How can I send a large video file?)'가 들어가야 자연스럽다.

해석

> Martha: 안녕하세요. 새로운 이메일 소프트웨어와 관련해서 도와주실 수 있나요? (15:51)
> IT 부서: 물론이죠. 정확히 어떤 도움이 필요하신가요? (15:51)
> Martha: 대용량 동영상 파일은 어떻게 보내나요? (15:53)
> IT 부서: 25메가바이트가 넘는 것은 모두 압축되어야 합니다. (15:53)
> Martha: 어떻게 그것을 해야 하나요? (15:55)
> IT 부서: '파일 첨부' 버튼을 클릭하고 2초간 유지하세요. 파일을 압축할 수 있는 선택지가 제공될 겁니다. (15:57)
> Martha: 오, 쉽군요. 도와주셔서 감사합니다. (16:00)
> IT 부서: 별말씀을요. 더 필요한 것이 있으시다면 알려주세요. (16:00)

① 새 비밀번호가 필요한가요?
② 대용량 동영상 파일은 어떻게 보내나요?
③ 온라인으로 제공되는 안내서가 있나요?
④ 메시지 길이 제한은 어떻게 되나요?

어휘   **compress** 압축하다   **attach** 첨부하다   **manual** 안내서, 설명서

표현 PLUS   긍정적인 대답을 할 때 쓸 수 있는 표현
· **Absolutely!** 물론이죠!
· **Sure thing!** 물론이죠!
· **I'd love to!** 기꺼이 할게요!
· **Definitely!** 당연하죠!

DAY | 20

192 밑줄 친 부분에 들어갈 말로 가장 적절한 것을 고르시오.

> As the lights flickered mid-performance, the actors carried on with a(n) _____ dialogue that felt so natural the audience thought it was scripted.

① systematic
② infamous
③ conventional
④ impromptu

193 밑줄 친 부분에 들어갈 말로 가장 적절한 것을 고르시오.

> Because of her new job, she has started to _____ a different crowd, and they have really been affecting her attitude and demeanor.

① sympathize
② generate
③ reconcile
④ associate

194 밑줄 친 부분과 의미가 가장 가까운 것을 고르시오.

> Some viewers and commentators <u>contested</u> the results of the wrestling match, complaining that the referee had overlooked violations being committed by the winner.

① challenged
② ratified
③ validated
④ detested

192 impromptu 즉흥의

정답 ④

해석 공연 중간에 조명이 깜박거리자, 배우들은 즉흥적인 대화를 계속 이어갔는데 너무 자연스러워서 관객들은 그것이 쓰여진 대본이라 생각했다.

① systematic 체계적인
② infamous 악명 높은
③ conventional 관습적인
④ impromptu 즉흥적인

어휘 flicker 깜박거리다   carry on 계속 이어가다   dialogue 대화   script 대본을 쓰다

어휘 PLUS impromptu(즉흥적인)의 유의어
= improvised, unplanned, spontaneous

193 associate 어울리다

정답 ④

해석 그녀의 새로운 직장 때문에, 그녀는 다른 무리와 어울리기 시작했고, 그들은 그녀의 태도와 행동에 확실히 영향을 주었다.

① sympathize 동정하다
② generate 생산하다
③ reconcile 화해하다
④ associate 어울리다

어휘 crowd 무리, 군중   demeanor 행동

어휘 PLUS associate(어울리다)와 유사한 의미의 표현
= hang out, consort, take up with

194 contest 이의를 제기하다 (= challenge)

정답 ①

해석 일부 관객들과 해설자들은 심판이 우승자가 저지른 위반을 못 보고 지나쳤다고 항의하면서 그 레슬링 경기의 결과에 이의를 제기했다.

① challenged 이의를 제기했다
② ratified 비준했다
③ validated 입증했다
④ detested 몹시 싫어했다

어휘 commentator 해설자   complain 항의하다, 불평하다   referee 심판   overlook 못 보고 지나치다, 간과하다   violation 위반   commit 저지르다

어휘 PLUS contest(이의를 제기하다)의 유의어
= oppose, argue, protest, question

195 밑줄 친 부분에 들어갈 말로 가장 적절한 것을 고르시오.

The earliest version of a widescreen format in movies used three projectors _____, so turning one on a second too late would ruin the entire image.

① occasionally
② marginally
③ simultaneously
④ inadvertently

196 밑줄 친 부분에 들어갈 말로 가장 적절한 것은?

Movie critics were divided, as despite its technical artistry, the movie had a(n) _____ resemblance to another film, with many shots and characters seeming recycled.

① uncanny
② instrumental
③ advisable
④ reckless

195　simultaneously 동시에　　　　　　　　　　　　　　　　　　정답 ③

해석　영화에서 와이드스크린 형식의 최초 버전은 세 개의 영사기를 <u>동시에</u> 사용했기에, 하나를 조금이라도 늦게 켜는 것은 영상 전체를 망칠 수 있었다.

① occasionally 가끔　　　　　② marginally 미미하게
③ simultaneously 동시에　　　④ inadvertently 우연히

어휘　format 형식, 구성　projector 영사기　ruin 망치다

어휘 PLUS　simultaneously(동시에)와 유사한 의미의 표현
= concurrently, synchronously, at the same time

196　uncanny 묘한　　　　　　　　　　　　　　　　　　　　　　정답 ①

해석　그 영화의 기술적인 예술성에도 불구하고, 많은 장면과 캐릭터들이 겉보기에 재활용된 것처럼 보여서 다른 영화와 <u>묘한</u> 유사점이 있었기 때문에, 영화 비평가들은 의견이 나뉘었다.

① uncanny 묘한　　　　　　　② instrumental 수단이 되는
③ advisable 바람직한　　　　　④ reckless 무모한

어휘　artistry 예술성, 예술가적 기교　resemblance 유사점　seeming 겉보기의

어휘 PLUS　uncanny(묘한)의 유의어
= unusual, eerie, bizarre, extraordinary

DAY | 20

197 밑줄 친 부분에 들어갈 말로 가장 적절한 것을 고르시오.

> Astronomers are increasingly concerned about the growing amount of space _____ orbiting Earth, which poses a serious risk to active satellites and could cause collisions or disrupt global communication.

① fuel
② dust
③ debris
④ radiation

198 두 사람의 대화 중 가장 자연스러운 것은?

① A: How are the arrangements for the party going?
   B: We just need to figure out who's coming.
② A: We should take a quick break.
   B: I'd like to, but I thought we were tired.
③ A: Work is really stressful. I've got a lot on my plate.
   B: Good. I'm really hungry.
④ A: Why do you need a car? You're too young to drive.
   B: I just noticed now. My license expired.

197 debris 잔해물

정답 ③

해석 천문학자들은 지구 궤도를 도는 증가하는 우주 잔해물의 양에 대해 점점 더 우려하고 있으며, 이는 활성 위성에 심각한 위험을 제기하고 충돌을 야기하거나 전 세계의 통신을 방해할 수 있다.

① fuel 연료
② dust 먼지
③ debris 잔해물
④ radiation 방사선

어휘 astronomer 천문학자 increasingly 점점 더 concerned 우려하는 grow 증가하다 amount 양 orbit 궤도를 돌다 pose 제기하다 risk 위험 active 활성의 satellite 위성 collision 충돌 disrupt 방해하다

어휘 PLUS debris(잔해물)의 유의어
= junk, fragments, remains

198 We just need to figure out who's coming. 우리는 누가 오는지를 파악하기만 하면 돼.

정답 ①

해설 ①번에서 A는 파티 준비가 어떻게 되어가고 있는지를 묻고 있으므로, 참석자 파악만 하면 된다는 B의 대답 We just need to figure out who's coming(우리는 누가 오는지를 파악하기만 하면 돼)은 자연스럽다.

해석
① A: 파티 준비는 어떻게 되어가고 있니?
   B: 우리는 누가 오는지를 파악하기만 하면 돼.
② A: 우리는 잠깐 쉬어야겠어.
   B: 나도 그러고 싶지만, 나는 우리가 피곤하다고 생각했어.
③ A: 일이 정말로 스트레스야. 나는 해야 할 일이 산더미처럼 있어.
   B: 괜찮아. 나는 정말로 배고파.
④ A: 너는 왜 차가 필요한 거야? 너는 운전하기에는 너무 어려.
   B: 지금 막 깨달았어. 내 면허증이 만료되었어.

어휘 arrangement 준비 figure out ~을 파악하다, 이해하다 get a lot on one's plate 해야 할 일이 산더미처럼 있다 license 면허증 expire 만료되다

표현 PLUS get a lot on one's plate(해야 할 일이 산더미처럼 있다)와 유사한 의미의 표현
= be busy at the moment, have a full schedule, don't have free time

DAY 20

적중 예상 문제

199 다음 문장의 빈칸에 들어갈 말로 가장 적절한 것은?

> The coach did his best to _____ the talented rookie, but he failed to land the young star in the end.

① gentrify
② soothe
③ intensify
④ procure

200 밑줄 친 부분에 들어갈 말로 가장 적절한 것은?

> The child looked up to his father and followed him around, _____ his speech and mannerisms.

① patrolling
② impeding
③ mimicking
④ surpassing

199 procure 얻다

정답 ④

해석 그 코치는 그 재능 있는 신인 선수를 얻으려고 최선을 다했지만, 그는 결국 그 어린 인기 선수를 얻는 데 실패했다.
① gentrify 고급화하다 ② soothe 달래다
③ intensify 강화하다 ④ procure 얻다

어휘 do one's best 최선을 다하다   rookie 신인 선수   land 얻다, 차지하다

어휘 PLUS procure(얻다)의 유의어
= obtain, acquire, secure, gain

200 mimic 모방하다

정답 ③

해석 그 아이는 그의 아버지를 존경해서 그(아버지)의 말투와 버릇을 모방하면서 그를 따라다녔다.
① patrolling 순찰을 돌면서 ② impeding 방해하면서
③ mimicking 모방하면서 ④ surpassing 능가하면서

어휘 look up to ~를 존경하다   speech 말투, 연설   mannerism 버릇, 매너리즘

어휘 PLUS mimic(모방하다)의 유의어
= copy, imitate

MEMO

MEMO

MEMO

2026 최신개정판

해커스공무원
영어
적중 어휘&생활영어
200제

개정 3판 1쇄 발행 2026년 1월 2일

지은이	해커스 공무원시험연구소
펴낸곳	해커스패스
펴낸이	해커스공무원 출판팀
주소	서울특별시 강남구 강남대로 428 해커스공무원
고객센터	1588-4055
교재 관련 문의	gosi@hackerspass.com
	해커스공무원 사이트(gosi.Hackers.com) 교재 Q&A 게시판
	카카오톡 채널 [해커스공무원 노량진캠퍼스]
학원 강의 및 동영상강의	gosi.Hackers.com
ISBN	979-11-7404-573-7 (13740)
Serial Number	03-01-01

저작권자 ⓒ 2026, 해커스공무원

이 책의 모든 내용, 이미지, 디자인, 편집 형태에 대한 저작권은 저자에게 있습니다.
서면에 의한 저자와 출판사의 허락 없이 내용의 일부 혹은 전부를 인용, 발췌하거나 복제, 배포할 수 없습니다.

공무원 교육 1위,
해커스공무원 gosi.Hackers.com

해커스공무원

· 공무원 보카 어플, 단어시험지 자동제작 프로그램 등 공무원 시험 합격을 위한 다양한 무료 학습 콘텐츠
· 정확한 성적 분석으로 약점 극복이 가능한 **합격예측 온라인 모의고사**(교재 내 응시권 및 해설강의 수강권 수록)
· 해커스 스타강사의 **공무원 영어 무료 특강**
· **해커스공무원 학원 및 인강**(교재 내 인강 할인쿠폰 수록)

한경비즈니스 2024 한국품질만족도 교육(온·오프라인 공무원학원) 1위

해커스공무원 **단기 합격생**이 말하는
공무원 합격의 비밀!

해커스공무원과 함께라면
다음 합격의 주인공은 바로 여러분입니다.

**대학교 재학 중,
7개월 만에 국가직 합격!**

김*석 합격생

영어 단어 암기를 하프모의고사로!

하프모의고사의 도움을 많이 얻었습니다. **모의고사의 5일 치 단어를 일주일에 한 번씩 외웠고**, 영어 단어 **100개씩은 하루에** 외우려고 노력했습니다.

**가산점 없이
6개월 만에 지방직 합격!**

김*영 합격생

국어 고득점 비법은 기출과 오답노트!

이론 강의를 두 달간 들으면서 **이론을 제대로 잡고 바로 기출문제로** 들어갔습니다. 문제를 풀어보고 기출강의를 들으며 **틀렸던 부분을 필기하며** 머리에 새겼습니다.

**직렬 관련학과 전공,
6개월 만에 서울시 합격!**

최*숙 합격생

한국사 공부법은 기출문제 통한 복습!

한국사는 휘발성이 큰 과목이기 때문에 **반복 복습이 중요하다고 생각**했습니다. 선생님의 강의를 듣고 나서 바로 **내용에 해당되는 기출문제를 풀면서 복습**했습니다.

해커스공무원 **gosi.Hackers.com**

더 많은 합격수기가 궁금하다면? ▶